岩波現代全書
095

「正しい」を分析する

GendaIzensho
岩波現代全書
095

「正しい」を分析する

八木沢 敬
Takashi Yagisawa

はじめに

「正しい」の正しい分析

わたしたちの日常から「正しい」という概念を排除したら、わたしたちの生活はすぐさま崩壊するだろう。すべての思考・行為は「正しい」という概念のもとにのみ意味をなすからだ。平日の朝目覚めたあとベッドにダラダラとどまらず身体をおこすのは、それが通学または出勤につながる行為として正しい行為だからだ。休日の朝早く目覚めたあとしばらくベッドから身体をおこさないのは、それが疲労回復を促進する行為として正しい行為だから――少なくとも正しい行為だと思うからだ。「正しい」と「正しくない」のちがいが意味をなさない世界観を想像することはむずかしい。

わたしたちの概念体系の最も奥深い基盤の一部である「正しい」という概念を、できるだけ覚めた目で分析してみようというのが本書のねらいである。その分析が正しい分析であるべきなのはもちろんだ。そうであるよう努力すべきである。正しくない結果を得よう、などという思いで思索する者に思索者の資格はない。「正しい」の概念の分析はそれ自体が正しくあるべきだというこの主張に、ある種の悪循環を感じる読者がいるかもしれないが、それは杞憂である。日本語を使って日本語の使用法について語ること、教育について教育すること、論理を使って論理学について検討すること、物体一般の本性を調べるにあたって（顕微鏡や望遠鏡や粒子加速器などの）物体を駆使することなどが悪循環を引きおこさないように，「正しい」という概念の分析をするにあたって正しい分析を目指すことは悪循環的ではない。

「正しい」の同義表現，対義表現

さて，「正しい」の辞書定義はおよそ次の例に代表される。

1　形や向きがまっすぐである
　a　形が曲がったりゆがんだりしていない
　b　血筋などの乱れがない
2　道理にかなっている。事実に合っている。正確である
3　道徳・法律・作法などにかなっている。規範や規準に対して乱れたところがない
（デジタル大辞泉）

1　道徳・倫理・法律などにかなっている。よこしまでない
2　真理・事実に合致している。誤りがない
3　標準・規準・規範・儀礼などに合致している
4　筋道が通っている。筋がはっきりたどれる
5　最も目的にかなったやり方である。一番効果のある方法である

6　ゆがんだり乱れたりしていない。恰好がきちんと整っている
（大辞林）

これらの定義は大きく四つの種類に分けることができるだろう。「事実に合っている」、「規準や規範にかなっている」、「筋道が通っている」、「ゆがみや乱れがない」の四つである。このうち四番目の「ゆがみや乱れがない」は物理的形状についての概念であって他の三つと一線を画し、哲学的ふくみが薄いので本書ではあつかわない。一番目から三番目の定義はどれも言明、行為、または推論に関してであり、それが外部からあたえられた何かと適合しているのが正しいということだ、と言っているように思われる。もしそうならば、その何かとは何で、それに適合するとはどういうことかをはっきりさせることが必要である。これはかなりやっかいな仕事であり、かつ同時に得るところも多い。哲学的に重要な諸概念が巻き込まれるので、それらについての明瞭化がせまられるからだ。それに加えて「正しい」ということのもう一つの重要な一面、すなわち、正しくあることはそれ自体で望ましいということ、つまり「正しい」という概念はポジティブな評価的概念であるということを照らし出すのにも役立つ。

「正しい」と反対の意味の表現はというと、「正しくない」や「まちがっている」がすぐ思い浮かぶ。先の辞書の定義から言えば、「事実に合っていない」、「規準や規範にかなっていない」、「筋道が通っていない」となる。「…ない」という否定辞をつけて反対の意味を表すのは常道だが、「まちがっている」には否定辞はない。にもかかわらず、すでに否定辞をふくむ「まちがっていない」を

「正しい」と同義とみなせば、それに否定辞を加えた「まちがっていないのではない」に二重否定の論理的操作を適用した結果が「まちがっている」なので、「正しい」の反対の意味の表現が否定辞を暗にふくむという主張の反例にはならない。

辞書定義は「正しい」という概念の分析の足がかりをあたえてはくれるが、それ以上のことはしないし、するように意図されてもいない。その足がかりからさらに前進するには、まったく別の方法がいる。それが分析哲学の方法である。それについてかんたんに見ることにしよう。

分析哲学者の態度

「何々哲学」という表現はいろいろある。「西洋哲学」や「東洋哲学」は哲学がなされた場所や知的・文化的土壌をしめす。「フランス哲学」、「日本哲学」などは同様のよりせまい範囲を意味する。時間による分け方もしばしばなされる。「中世哲学」、「一七～一八世紀哲学」など。また場所と時間を合わせ言う表現もある。「古代ギリシャ哲学」がいい例だ。また「政治哲学」、「量子力学の哲学」、「フィクションの哲学」などカバーするトピックを表す表現もある。しかし「分析哲学」はそのいずれでもない。

概念を「分析」する哲学というのがもともとの意味なのだが、二一世紀初頭の現在では、それよりも広くかなり漠然とした方法論的態度にもとづいてなされる哲学を意味する。では、その方法論的態度とはどのような態度なのか。ひとことのスローガンにすれば、「詩的な言葉づかいとは対極的な言葉づかいをする」哲学の態度だと言えるかもしれない。詩的な言葉づかいは、雰囲気をうみだすとか感情をかきたてるなどの目的には適しているが、分析哲学には適していない。哲学的なトピックを正確に提示し、それについて論理的に引き締まったかたちで語るというのが分析哲学だからである。そのためには「議論」が中心的な役割を果たす。議論を尊重する態度をもっておこなう哲学が分析哲学だと言えば、かなり大雑把ではあるにしろ分析哲学の本質をとらえることになるだろう。もう一つスローガンがほしいと言うのなら、「分析哲学、それは理屈だ」がいいかもしれない。「議論をする」ということは「理屈を言う」ということにほかならないのであるから。

このように言うと、次のような反論をまねくのは避けられない。「理屈を言うと周りの人とうまくやっていけなくなるので、理屈は言うべきではない」、あるいは「理屈っぽいのは嫌われるので、理屈っぽくてはいけない」といった反論である。しかしながら分析哲学をやるときは、わたしたちは、こういった反論を真に受ける必要はない。そのような反論は「わたしの言っていることを聞いてはいけない」と主張するようなものだからだ。自己反駁的なのである。なぜそうなのかは、その二つの反論をくわしく見ればわかる。一番目の反論は、足りない箇所をおぎない、きちんと整理して定式化すると次のようになる。

1　理屈を言うと周りの人とうまくやっていけない。
2　周りの人とうまくやっていけないのはよくない。
3　よくないことはすべきではない。
だから、

4　理屈は言うべきではない。

1〜3を理由としてあげて、それにもとづいて4という結論を出している。議論をしているのである。つまり、次のような理屈に訴えているのだ。「もし1〜3がすべて真ならば、4も真でなければならない。1〜3は真である。ゆえに、4は真である」。理屈を言って「理屈を言うな」と主張しているのである。二番目の反論も同様に自己反駁的だ。

5　理屈っぽいのは嫌われる。
6　嫌われるのはいけない。
なので、
7　理屈っぽいのはいけない。

一番目よりも短いが、これもあきらかに議論である。「もし5と6がともに真ならば、7も真でなければならない。5と6はともに真である。ゆえに、7は真である」。この理屈なしでは二番目の反論は成り立たない。「理屈っぽいのはいけない」という主張を、理屈によって支持しようとしているのである。いけないと自分が主張していることをすることによって、それがいけないことだという自分の主張を確立しようとしているわけだ。これが自己論駁的でないならば何なのか。少なくとも不誠実であることはたしかである。自己欺瞞的とさえ言ってもいいかもしれない。

「理屈っぽいのは日本人の本性に反する」というようなことを真面目に主張する日本人がいるかもしれない。もしいるならそういう日本人は、もし理屈っぽさが日本人の本性に反するならば人間であるということが日本人の本性に反することになるのだ、ということをこの二つの例が示していることに気づくべきである。なぜなら、理屈に反対する人でも理屈に関して否定的な主張をするときに理屈を回避することはできない、ということをこの二つの例は示しているからである。人間であるかぎり理屈を避けて通ることはできない。人間であるということは理屈っぽいということなのである。理屈嫌いは人間嫌いであり、理屈嫌いな人間は人間嫌いな人間、すなわち自己嫌悪の存在にほかならない。分析哲学者の態度は、そのような自己嫌悪者の態度とは正反対の態度である。理屈から逃れられない自分をありのままに認識して、理屈の利点に注目し、それを最大限に発揮すべく駆使しようとするのが、分析哲学者の態度なのである。

理屈で押していく明晰な思考を重視するというのは、分析哲学に限らず学問一般の方法のかなめなのだが、それを最も純粋なかたちで実践している人文系の学問が分析哲学にほかならないのである(同じ方法を最も純粋なかたちで実践している理科系の学問は数学である。数学と分析哲学の関係は何かと聞かれたら、その答えはかんたんには出せない。数学を勉強し分析哲学を勉強したうえで、両者を「内側から」比較するのが最も正確な答えを得るやり方かもしれない。「外側から」ある程度確認できる両者のあいだの親密な歴史的つながりも、「内側から」の知識があるとなしでは大きくちがって見えるだろう)。

そのような分析哲学の方法で「正しい」という概念を分析しようというのが本書の試みである。

なぜ「正しい」という概念なのかと言うと、わたしたちの日常の世界観の基盤にあるという事実に加えて、それを分析する作業のなかで哲学的に重要なトピックが最も自然なかたちで最も頻繁に顔を出すような概念でもあるからだ。先に見た辞書定義にあったように、「正しい」という概念は言明、行為、推論などが何か外部のものと適合しているというふくみをもつ。このふくみをとことん明確化するという作業は、驚くほど哲学的に有益なのである。「正しい」という概念についての理解を深めると同時に、そういう作業がいかに生産的であるかを肌で(脳で)感じ取って、分析哲学的方法による知的営みの醍醐味をしっかり味わおうというのが本書の目的である。

目 次

第1章
テストの答えの正しさ

「正しい」という概念が当たり前に使われる状況はいろいろあるかもしれないが、そのうちで最も典型的なのは、テストという状況だろう。たとえば、学校でのテストである。学校でテストをうけるのは誰もがみんな経験していることなので、それを例にとることにしよう。学校のテストの答えが正しいとはどういうことかについて、理屈を駆使して注意深く考えることからはじめることにする。

1　一致

月曜日の第四時限に理科のテストがあり、「内太陽系の惑星をすべて質量の大きい順に列挙せよ」という問題が出されたとする。それに「水星、金星、地球、火星」と答えたらそれは正しくない。「火星、地球、金星、水星」という答えもまちがっている。「地球、金星、火星、水星」が正しい答えである。では、なぜそれが正しい答えで、ほかの答えはすべてまちがいなのだろうか。

「それはそのテストの模範解答用紙に記入された答えと一致し、ほかの答えはその模範解答用紙に記入された答えと一致しないから」と言ったとしよう。これはもっともに聞こえるかもしれない。模範解答用紙の答えは理科の先生が書いたのであり、理科の先生は内太陽系の惑星の質量のようなことがらに関してはたよりになる。だが、「地球、金星、火星、水星」という答えが正しく、そのほかの答えが正しくないということの説明としては、この説明はもの足りない。正しい答えの正しさを、模範解答というもう一つの答えとの一致として説明しているにすぎない。それがなぜもの足りないかというと、模範解答が正しい答えだということを仮定しているからである。

そういう仮定が偽だと言っているのではない。模範解答を書いた先生は理科の先生として有能であり、模範解答は正しい。そうではなくて、その仮定は、「内太陽系の惑星を質量の大きい順に列挙せよ」というテスト問題の答えとしてなぜ「地球、金星、火星、水星」が正しい答えなのかの理由の核心に触れていない、という意味でもの足りないのである。

月曜日の第四時限にあった理科のテストに出されたこの問題と同じ問題が、たまたま金曜日の第五時限にあったテストにも出されていて、後者のテストの模範解答は別の先生が書いたとしたらどうだろう。同じ問題への同じ答えを、二つの別々の模範解答用紙に別々になされた記入によって説明するのはまずいだろう。さらに、別の学校でのテストで同じ問題が出たとすれば、その問題の答えとしても「地球、金星、火星、水星」は正しい。それがなぜかを説明するのに当初の学校の先生に言及するのはおかどちがいである(当初の学校の両先生はその別の学校とは何のかかわりもないとする)。いつどこでいかなる状況下で出されても「内太陽系の惑星を質量の大きい順に列挙せよ」というテスト問題の答えとして「地球、金星、火星、水星」が正しいのはなぜか、ということの一般的な説明がほしいのである。

そのためには、そのテスト問題について語る必要があるのは当然だが、その問題に本質的でないことについて語ることは避けるべきである。そのテスト問題は、内太陽系の惑星とその質量の比較についての問題なのであり、模範解答や理科の先生の行為についてではない。「地球、金星、火星、水星」という答えがその問題の答えとして正しいのは、内太陽系の惑星とその質量に関する何らかの事実によるのであって、模範解答や理科の先生に関する事実によるものではない。そもそも、先生が模範解答用紙に書いた答えの正しさ自体が、内太陽系の惑星とその質量に関する同じその事実によって説明されるべきなのである。生徒が自分の解答用紙に書いた答えだろうが先生が模範解答用紙に書いた答えだろうが、当の問題へのすべての答えの正しさは、一様にその事実によって説明される。では、その事実とはどんな事実か。

それは、あきらかである。「内太陽系の惑星の質量は、地球、金星、火星、水星の順に大きい（かつそれ以外に内太陽系の惑星はない）」という事実にほかならない。「地球、金星、火星、水星」という答えが正しいのは、この事実に一致しているからである。これは、いたって当たり前のことであり、この当たり前さは、「正しい」という概念が（少なくともテストの答えに関するかぎり）いかに透明でわかりやすい概念かということを如実に示している。

では、この概念の透明性に留意しながら、いよいよ哲学的に実のあるトピックをあつかうことにしよう。そうするにあたっては、一つ一つのトピックについて注意深く概念分析をすすめていくので、ウサギではなくカメになったつもりで、あせらず辛抱強くゆっくり、だが確実に前進しようとする態度が大事である。

2　同一性

答えが事実と一致するというのは、正確にはどういうことなのだろうか。たとえば、「子の血液型が親のと一致する」と言った場合の「一致する」は「同一である」という意味である。もし子がA型で親がA型だったり、子がB型で親がB型だったりすれば、「子の血液型が親のと一致する」と言うが、子がA型で親がO型だったり、子がB型で親がAB型だったらそうは言わない。つまり、ここで言う「同一」というのは「一つのもの」という意味である。二つや三つや、そのほかの数ではなく一つだということである。それを強調して「数的同一性」と呼ぶこともある。ただたんに似ているということではない。同一性は類似性ではない。同一ならば類似する(すべてのものはそれ自身と類似する)が、類似しているからといって同一だとは限らない。

たとえエミとユミが非常に似ていて、彼女ら自身以外の誰もエミとユミを区別できなかったとしても、それだけの理由でエミとユミは同一人物だと結論するのは論外である。「区別できないほど似ているが同一ではない」は矛盾しない。別の言い方をすれば、類似性は同一性を含意しない。ならば、「すべての性質を共有するが同一ではない」も同様に無矛盾なのだろうか。いや、そうではない。たんに区別できないほど似ているだけでなく、すべての性質を共有するとしたら、エミとユミは同一人物でなければならない。なぜなら、エミは「エミと同一である」という性質をもっているので、もしユミがエミのもつすべての性質をもつとしたら、その性質ももっていなければならないが、そうだとすると、ユミはエミと同一であることになるからである。

同一性についてはさらにいろいろとおもしろい論点があるのだが、ここで触れるのはひかえておこう(あとで触れる機会がある)。「子が親と血液型が一致する」の例のように、「一致する」は「同一である」を意味することがある、ということを明瞭なかたちで確認するにとどめておこう。

では、「答えが事実と一致する」と言うときの「一致する」はどうか。これも「同一である」という意味なのか。いや、そうではないのである。たとえば、「金星は火星より質量が大きい」という答えと、それを正しい答えにしている事実とは同一ではない。前者が地球表面上でテストの解答用紙に書き込まれた答えであるのに対し、後者は地球からかなり離れた宇宙空間で成り立っている事実である。同一であるはずがない。にもかかわらず「一致」はしているのである。同一ではない(すなわち一つではない)この二つのものがいかなる意味で「一致」していると言えるのか。それをあきらかにするために、まず、テストの答えと事実の一致よりも、さらにわかりやすい一致の例からはじめることにしよう。

3　同　型

手袋があるとする。右手の手袋と左手の手袋は、対になっているならば、はみ出すことなく向かい合わせに完全に重ねることができる。そういう重ね合わせでは、右手の親指には左手の親指が、右手の人差し指には左手の人差し指が、等々、対応している。指だけではなく、右手のどの部分も左手の何らかの部分に対応し、左手のどの部分も右手の何らかの部分に対応している。さらに、もし右手のいくつかの部分のあいだに特定の関係があれば、その部分に対応する左手のいくつかの部分のあいだにも同様の関係がある、そしてその逆も真である。たとえば、右手の薬指は中指と小指のあいだにあるので、対応する左手の薬指も(左手の)中指と小指のあいだにある。右手の手袋と左手の手袋は同一ではないが、このようにかなり親密な対応関係にある。このような対応関係があるものを「同型である」と言うことにしよう。

同型なものは手袋以外にもいろいろある。たとえば靴。左靴と右靴は同型である。手袋や靴のように対として製造されていなくても、同型のものはいくつもある。同じデザインで作られた二つのワイシャツは同型である。いっぽうの襟には他方の襟が対応し、いっぽうの第一ボタンには他方の第一ボタンが対応する。両方ともMサイズならば対の手袋のように完全に重ね合わせることもできる。

では、一つがSサイズでもう一つがLサイズだったらどうだろう。完全に重ね合わせることはできない。ということは同型ではないということなのか。いや、そうではない。Sサイズのシャツの隣接する二つのボタンのあいだの距離はLサイズのシャツの対応する二つのボタンの距離と同じではないが、ある一定の比率で後者が前者を上回り、どの隣接するボタンについてもこの比率は変わらない。Lサイズのシャツを洗濯して乾燥機に入れ、ころあいをはかってとり出せば、ちょうどよく縮んでSサイズのシャツと完全に重ね合わせることができる(としよう)。また、もしその逆ができる機械があれば、その機械を使ってSサイズのシャツを大きくしてLサイズのシャツと完全に重ね合わせることができる。

「そんな機械はない。それに、Lサイズのシャツを乾燥機に入れても、Sサイズのシャツと完全に同じサイズに縮ませるのはまず無理だ」。こういう反論があるかもしれないが、じっさいにそういう収縮や拡大を可能にする機械があるかないかは、分析哲学的にはまったく重要ではない。同型を定義する対応というのはどういう関係なのかを理解するのに、重ね合わせるという行為にもとづいて考えるのはとても有用なのでそう考えたわけだが、同型にじっさいの重ね合わせが必要不可欠だというわけではないのである。何らかの理由でじっさいに重ね合わせることが叶わなくても、想像上で収縮または拡大することで重ね合わせが可能となるならば、それで十分なのである。

ここまでは手袋、靴、シャツなどを例にあげて同型の概念を説明したが、これらの例は、テストの答えと、その答えを正しいものにする事実とのあいだの関係としての同型の例としては適切でないかもしれない。なぜなら、これらの例はどれも、同型関係にある二者が同じ種類のものだからである。右手の手袋と左手の手袋はどちらも手袋だし、右足の靴と左足の靴はどちらも靴、そして、二つの同型のシャツはどちらもシャツである。それにくらべて、テストの答えと事実は同じ種類のものとは言いがたい。同じ種類のものではないが同型であるような例はないのか。幸いにも、あるのだ。

まず、町とその町の地図をあげよう。空から見た町の風景とその町の正確な地図は同型である。駅は駅をしめすアイコンに、美術館は美術館をしめすアイコンに、そして市役所は市役所をしめすアイコンに対応する。駅から美術館までの距離と市役所までの距離は、地図の上で駅をしめすアイコンから美術館をしめすアイコンまでの距離や、市役所をしめすアイコンまでの距離よりはるかに長いが、想像の上で町を縮小あるいは地図を拡大すれば、それぞれきちんと重なる。重ならなければ、その地図はその町の正確な地図ではないと言えるだろう。ここで言う地図の「正確さ」にもとづいて、テストの答えの「正しさ」を理解することができるのではないだろうか。つまり、答えが事実に「一致する」とは、地図が町を「正確に」表しているというのと同じたぐいのことだと言うことができるのではないだろうか。正確な地図が町と同型だという意味で、答えが事実と同型ならばそれは正しい答えだ、と言うことができるのではないだろうか。

もう一つ、今度はもっと込み入った例をあげよう。フランスの画家ジャン・オーギュスト・ドミニク・アングルの一八四五年の作品「ドーソンヴィル伯爵夫人」は、ルイーズ・アルベルティーヌ・ド・ブロイの肖像画だが、アングルのその絵とその人物ルイーズとのあいだにある関係が成り立っているということは、リアリスティックな絵を見る目がある人ならば誰にもすぐわかる。モデルとしてポーズをとっていたときのルイーズを目の前にしたアングルの視点から見たルイーズと、アングルが描きあげたキャンヴァス上に付着している絵の具の集まりとしての絵は似ている。たとえば、モデルとしてポーズをとっていたルイーズの左手の親指と人差し指と中指が顎の下部に触れていたのに対応して、キャンヴァス上の絵の具のある部分、すなわち左手の親指と人差し指と中指を描写している部分が、顎の下部を描写している部分のすぐ下に位置する。また、ルイーズの左手親指先は光があたって肌色に見えていたと同時に、第一関節付近は薬指の影によって暗く見えていたのに対応して、キャンヴァス上の絵の具の左手親指先を描写している部分も同様に肌色に見え、第一関節付近を描写している部分は暗く見える。このようなことは、ルイーズのほかの部分とそれを描写しているキャンヴァス上の絵の具の部分についても同じように言える。画家の視点から見たモデルのありようが、キャンヴァス上の絵の具のありようにコピーされている。その意味で後者は前者と同型である。この同型であるという関係がこの絵をリアリスティックな絵にしているのである。

テストの答えが正しいというのは、こういった例でしめされる同型という関係がテストの答えと事実のあいだに存在するということだ、と言えるためには、そもそもテストの答えとは何か、事実とは何か、ということをある程度はっきりさせる必要がある。テストの答えからはじめよう。

4　物体

テストの答えとはいかなる「もの」なのだろうか。理科のテストをうけた生徒のなかにアヤメさんがいて、彼女は当の問題に答えたとする。その答えを例にとって考えることにしよう。

a　鉛微粒子のパターン

アヤメさんがテスト中に解答用紙に記入した答えは、たしかに存在する。解答欄はブランクのままに残されてはいない。そこにアヤメさんは、

（1）　内太陽系の惑星を質量の大きい順に並べれば、地球、金星、火星、水星となる

と書いたとしよう。その解答欄に書いてあるものが彼女の答えである。ここまでは何ら問題はない。「テスト問題の答えは、その問題の解答欄に書いてあるもの」ということである。話がややこしくなるのは、ここで次にくるのが「解答欄に書いてあるものは何か」という問いかけだからである。

この問いかけに対して、どう反応すべきかは即あきらかではないのだ。アヤメさんが鉛筆を使ったとすれば、解答欄には鉛筆の芯の一部がこすりつけられて残っている。ある線形のパターンで、鉛の微粒子の集まりが紙の表面に付着している。そのパターンはもちろんランダムではなく、日本

語を知っている人なら誰でも判別できるパターンである。そういうパターンの鉛の微粒子の集まりが解答欄に存在する、ということは否定できない。ならばその鉛の微粒子の集まりが、アヤメさんのテストの答えなのだろうか。もしそうだとすれば、テストの答えは物理的なものだということになる。紙の表面に付着している鉛の微粒子の集まりは、あきらかに物理的なものである。物理的な時空内のある特定の位置に存在しており、その位置から理科教室の戸棚に移してそこに三年間保存しておくこともできるし、すぐさま消しゴムで消し去ることもできる。解答用紙が焼失すれば、それも存在しなくなる。そのような特定の物理的なものを、「物理的な実体」という意味で「物体」と呼ぶことにしよう。

じつは、テストの答えという「もの」は物体ではない。鉛の微粒子の集まりだろうがボールペンのインク跡だろうが、物体ではありえない。なぜか。その理由を見るために、アヤメさんと同じテストをうけ、同じ問題に同じ答えを出したサツキさんの答えを、アヤメさんの答えとくらべてみよう。サツキさんは解答欄に、

(2) 内太陽系の惑星は、地球、金星、火星、水星の順に質量が大きい

と鉛筆で書き込んだとする。あきらかにアヤメさんと同じ答えを出している。ただたんに似ているということではなく、数的に同一(一つのものである)という意味で同じ答えなのである。アヤメさんの答えをX、サツキさんの答えをYとすると、X＝Yなのである。

Xが物体でないことを証明するために、次のような論法を使うことにしよう。まずXは物体だと仮定する。Xが物体でないことを証明するために、Xが物体だと仮定することからはじめようというわけだ。これはおかしな論法なのではないか。あることの否定を証明するのに、そのこと自体を仮定することから出発するなど、もってのほかではないのか。そうではない。それどころか、これはじつはきわめて正統派の論法なのである。Xが物体だという仮定にもとづいて、厳密な論理により何らかのナンセンスを導き出すのである。ナンセンスはうけ入れられないので、そのナンセンスを導き出した論理を拒絶するか、それともその導き出しの出発点であるXは物体だという仮定を拒絶するか、どちらかの選択を迫られることになる。論理が本当に厳密で疑いの余地がないとすれば、出発点の仮定を拒絶する以外の道はない。仮定を拒絶するということは、Xは物体だということを否定することである、すなわち、Xは物体ではないと結論することである。こうしてXが物体でないことが証明できるのである。もちろん、この論法がうまくいくためにはナンセンスを導き出すのに使う論理が完璧でなければならない。だが、これはこの論法だけにあてはまる要求ではなくて、いかなる種類の論法にもあてはまる。論じる、つまり推論するということは、ある一定の論理に従って仮定から結論を導くということにほかならないからである。いかなる論理も使わないで何かについて推論することはできない。するのが非常にむずかしいというのではなく、原理的に不可能である。そもそも、推論するということは論理を使うということなのだから。

証明したいことの反対を仮定することから出発するこの論法は、二四〇〇年間という長期間にわたって（あるいはもっと長く）使われてきた、論理学では正統派の論法で、「背理法」と言う（「帰謬法」という呼び方もある）。では、背理法を使ってXは物体ではないことを証明しよう。

まず、Xは物体だと仮定する。ならば、X＝Yなので、Yも物体である。サツキさんも鉛筆を使ったので、YはXと同様に鉛の微粒子の集まりである。Xは（1）のパターンの鉛の微粒子の集まりである。X＝Yなので、Yも（1）のパターンの鉛の微粒子の集まりである。だが、サツキさんは（2）を解答欄に書いた。つまり、Yは（2）のパターンの鉛の微粒子の集まりである。（1）のパターンの鉛の微粒子の集まりと、（2）のパターンの鉛の微粒子の集まりは同一ではない。なぜなら前者と後者は別々の性質をもつからである。たとえば前者は「る」というパターンの鉛微粒子で終わるのに対し、後者は「い」という別のパターンの鉛微粒子で終わる。よってYはYと同一ではない、すなわちY≠Yである。しかし、これはナンセンスである。ゆえに、Xは物体だという当初の仮定は偽である。つまり、Xは物体ではない（証明完了）。

この証明を疑うには、その論理を疑う必要があるが、ここで使われている論理に欠陥はあるだろうか。その論理をわかりやすく形式的に明示すると次のようになる。

（3）　X＝A

（4）　X＝Y

（5）　Y＝A

（6）　Y＝B

（7）　A≠B

（8）　Y≠Y

ここでは、「A」は（1）のパターンの鉛の微粒子の集まりをさし、「B」は（2）のパターンの鉛の微粒子の集まりをさす。なので、たとえば（7）は「（1）のパターンの鉛の微粒子の集まりは、（2）のパターンの鉛の微粒子の集まりと同一ではない」と言っていることになる。

（3）と（4）から（5）が帰結し、（5）～（7）から（8）が帰結する、というのがこの証明の骨組みになる論理である。この論理に何か欠陥はあるだろうか。「＝」が数的同一性を表しているという理解を放棄しないかぎり、この論理に逆らうのは不毛である。このことを疑いの余地なく認識するには、数的同一性は次の二つの一般原理に従うということを確認すればいい。

（9）　いかなるものv、w、zについても、もしv＝wかつv＝zならば、z＝wである。

（10）　いかなるものv、w、zについても、もしv＝wかつv＝zかつw≠zならば、v≠vである。

b　同一性の根本原理

(9)と(10)という二つの一般原理は、それぞれ根本的な原理にもとづいている。(9)の場合は、

(11)　同一なものに同一なものは、同一である

という根本原理である。この根本原理を疑うことは、理性を放棄し思考の内部的整合性をすて去ることである。(9)は、おのおのvに同一なものwとzは同一であると言っているので、この根本原理によって直接支持されているということはあきらかだ。(9)とちがって、(10)は否定をふくむのでそれより少々込み入っているが、同じように直接的なかたちで次の根本原理にもとづく。

(12)　同一なものについては同じことが言える

という根本原理である。もしvとwが同一ならば、wについて言えることはvについても言える。なので、もしwについて「zと同一ではない」と言えるならば、vについても「zと同一ではない」と言える。ということは、zについて「vと同一ではない」と言えるということになる。と同時に、もしvとzが同一ならば、zについて言えることはvについても言える。なのでvについても「vと同一ではない」と言えることになる。ゆえに、v≠vだということになるのである。

(12)は根本原理ではないばかりか真理でさえない、という意見があるかもしれない。同じことが言えないにもかかわらず同一なものがある、という意見である。たとえば、明けの明星は「明けの明星」と呼ばれるいっぽう、宵の明星は「宵の明星」と呼ばれる。にもかかわらず、明けの明星は金星であり、宵の明星も金星である。すなわち、明けの明星と宵の明星は同一の惑星である。こういう意見は、(12)への反対意見としてまっとうな意見だろうか。明けの明星と宵の明星は、本当に(12)への反例になるのだろうか。

全然ならない。そうなるためには、明けの明星に言えて宵の明星に言えないこと、あるいは、宵の明星に言えて明けの明星に言えないことがなくてはならないが、この意見はそのようなことを提示していないのである。明けの明星が「明けの明星」と呼ばれる、というのはそのとおりであり、宵の明星が「宵の明星」と呼ばれる、というのもまちがいない。だが、(12)の反例となるためには、それに加えてさらに、宵の明星は「明けの明星」と呼ばれない、または、明けの明星は「宵の明星」と呼ばれない、ということでなければならない。しかし、それはそうではないのである。つまり、宵の明星は「明けの明星」と呼ばれるし、明けの明星は「宵の明星」と呼ばれるのである。それはなぜか、くわしく見よう。

サクラさんが、日の出直前に東の空に見えている金星を指さして「あれは明けの明星だ」と言ったとする。明けの明星を「明けの明星」と呼んでいるわけだ。また、日没直後に西の空に見えている金星を指さして「あれは宵の明星だ」と言ったとする。宵の明星を「宵の明星」と呼んでいるわけだ。では、サクラさんは宵の明星を「明けの明星」と呼んでいるのだろうか、いないのだろうか。

それを決めるためには、まず宵の明星とは何かを決める必要がある。宵の明星は、日没直後に西の空に最初に見える星である。日没直後に西の空に最初に見える星は金星である。つまり、宵の明星とは金星のことであり、それ以外の何ものでもない。

これはすでにあきらかにしたことであって、何をいまさら蒸し返しているのかと思うかもしれないが、じつはこれは容易に忘れ去られ、忘れ去られなかったとしても容易に誤解されることなので、十分繰り返すにあたいするのである。宵の明星は金星なので、サクラさんは宵の明星を「明けの明星」と呼んでいるか、という問いは、サクラさんは金星を「明けの明星」と呼んでいるか、という問いだということになる。サクラさんは明けの明星を「明けの明星」と呼んでおり、明けの明星は金星なので、サクラさんは金星を「明けの明星」と呼んでいる。なので、サクラさんは金星を「明けの明星」と呼んでいるか、という問いの答えは「然り」である。よって、サクラさんは宵の明星を「明けの明星」と呼んでいるのか、という問いの答えも「然り」である。ゆえに、サクラさんは宵の明星を「明けの明星」と呼んでいる(同様の議論により、サクラさんは明けの明星を「宵の明星」と呼んでいると結論できる)。

これに対して、次のような反論があるかもしれない。「サクラさんは日の出直前に東の空に見える金星をさして「明けの明星」と言っているのであって、日没直後に西の空に見える金星をさしてそう言っているのではない。よって、明けの明星を「明けの明星」と呼んでいるのであって、宵の明星を「明けの明星」と呼んでいるのではない」。この反論は次の仮定にもとづいている。「日の出直前に東の空に見える金星は、日没直後に西の空に見える金星と同一の惑星ではない」。この仮定がなければ、最後の「よって、…ではない」が得られない。だが、この仮定は偽である。いつどこにどう現れようが、金星は金星である。金星が日の出直前に東の空に見えるということと、金星が日没直後に西の空に見えるということは、もちろん別々のことだが、ここで問題になっているのは「こと」の同一性ではなく「もの」の同一性だということを忘れてはならない。この二つの別々のことは、共通の一つのものについての別々のことなのである。ちがう言い方をすれば、日の出直前に東の空に見えるという性質と日没直後に西の空に見えるという性質は別々の性質だが、ともに金星という一つのものがもつ性質なのである。

また、こういう反論もあるかもしれない。

「あなたが「明けの明星」と呼んでいるのは、宵の明星ですか」と聞かれたら、サクラさんは「いいえ、宵の明星ではありません。明けの明星です」と答えるだろう。彼女自身の言葉を信じないわけにはいかない。よって、彼女は、明けの明星を「明けの明星」と呼んでいるのであって、宵の明星を「明けの明星」と呼んでいるのではない。

この反論の急所は、「彼女自身の言葉を信じないわけにはいかない」という部分である。これは、自分が何をしているかについて人が発する言葉はつねに信じるにあたいする、ということを仮定しているが、この仮定は偽である。たとえば、大豆から作った肉モドキを食べていながら、本当に肉だと思って「わたしはおいしい肉を食べた」と言う人の言葉は信じてはいけない。舌が肥えていない人の、食べ物に関する言葉をむやみに信じるのは、かしこくない。また、エミとユミをまちがえて、エミに会ったのに「わたしはユミに会った」と言う人の言葉を信じてはいけない。長髪だった友人が突然丸刈りにした直後にその友人を見かけて、「あの人はわたしの友人ではない」と言う人の言葉を鵜呑みにしてはならない。人は見かけに惑わされることがしばしばあるというのは、ごく当たり前の常識である。天文学にとくに造詣が深いわけではないサクラさんが「日の出直前に東の空に見える」という見かけと「日没直後に西の空に見える」という見かけに惑わされているにすぎない。じっさいは同じ惑星を見ているのに、それに気がつかないだけの話なのである。

というわけで、問題になっている証明に使われている論理は疑う余地がまったくない。ということは、背理法によりXが物体でないということがたしかに証明されたということである。

5 文

物体でないのなら、Xは何なのか。いかなる「もの」なのか。この問いかけに対する反応として「Xは日本語の文である」というのはどうだろう。この反応の是非を問う前に、まず気づくべきことがある。それは、前節の考察が終わったあとのこの時点でなされるこの反応は「文は物体ではない」ということを仮定している、ということである。その仮定なしには、前節の考察によってこの反応も退けられてしまうからだ。つまり、もし文が物体だとしたら、「Xは日本語の文である」から「Xは物体である」が帰結してしまう。しかし、前節でXは物体ではないということが証明された。ゆえに、文は物体ではないとしなければならない。

文が物体ではないのなら、何なのか。アヤメさんが解答欄に書いた(1)という文は、物体でないなら何なのか。いったいいかなる「もの」なのか。この「もの」についてまず言えるのは、「語から成っている」ということである。「地球」、「金星」、「火星」、「質量」そのほかの名詞、「大きい」という形容詞、そして「の」、「を」、「に」、「ば」、「となる」などの語から成っている。これらの語がいかなる「もの」かがわかれば、それらによって構成されている文がいかなる「もの」かもわかるだろう。

アヤメさんが書いた「金星」という語とサツキさんが書いた「金星」という語は同じ、すなわち数的に同一な語である。ここで根本原理(12)を見すえて、アヤメさんの解答欄にある「金星」という語とサクラさんの解答欄にある「金星」という語に共通するのは何か、と問うてみよう。あきらかに、そこに共通するものは形のパターンである。大きさや色などは語の性質ではない。物体の性質である。「金星」という語そのものを、そういう形のパターンと解釈すれば、物体ではない「もの」として把握できるのではないか。形のパターンは個々の物体によって例示されるが、パターンそれ自体は物体ではない。アヤメさんの解答欄の「金星」という形をした鉛の微粒子の集まりを消しゴムで消し去ったとしても、「金星」という形のパターンそのものが消し去られるわけではない。そのあとでサツキさんが自分の解答欄に「金星」と書いたとしたら、その同じ形のパターンがまた例示されることになるからである。パターンそのものは存在しつづけ、それを例示する個々の物体が現れたり消えたりするのである。

念のためつけ加えるが、ここで語は形のパターンだと言うときの「形」は、視覚的な形のみを意味するのではない。「金星」という語は、紙面に書かれうるのみならず、声に出して発音されもするし、点字で書かれたり、手話のジェスチャーで発話されたりもする。聴覚的、触覚的、ジェスチャー的などといった視覚以外の種類の「形」もふくむのである。「金星」という語は、それらすべての種類の「形」のパターンの集まりだというわけである。だが話をかんたんにするため、視覚的パターン以外の種類の形のパターンは無視することにしよう。視覚的パターンに関して言えることは、ほかの種類のパターンについても対応して言えるということを心に留めておけばいい。

語が形のパターンならば、語をつらねた文も形のパターンである。ここで「つらねた」は「視覚的につらねた」という意味なので、語から文へと移るにあたって新しい要素が導入されることはない。

「いや、ある」という意見がある。「つらねた」は「視覚的につらねた」という意味ではない、という意見である。それによると、語を集めて文にするには、語のレベルにはない新たな種類の操作が必要であり、その操作は、語を定義する「形」の概念よりもさらに抽象的な概念を駆使しなければ定義できない。もしこの意見に賛同するならば、語とは別に文に関して新たな考察をはじめる必要がある。そのような考察をするためには、言語学に足を踏み入れねばならない。言語学には哲学的に非常におもしろいトピックが埋もれているのはたしかだが、ここではそういうトピックの誘惑にあえて抵抗して、ただたんに文は語と同様に形のパターンであるということにしておこう。

文が形のパターンならば、そのパターンを例示する物体についての前節の論法が、そのまま文についての論法に変換できることになる。つまり、前節でおこなった、Xが物体でないことの背理法による証明を、Xが日本語の文でないことの証明に次のようにして変換できるのである。

> Xは日本語の文だと仮定せよ。Xはアヤメさんの答えであり、それはサツキさんの答えYと同じ答えである。つまり、X＝Yである。ということは、「同一なものについては同じことが言える」という根本原理(12)によって、Xについて言えることはYについても言えるということになる。Xはちょうど三一文字をふくむ文である(文(1)を見よ)。よって、Yもちょうど三一文字をふくむ文である。だが、Yはちょうど二五文字をふくむ文である(文(2)を見よ)。ちょうど三一文字をふくむ文とちょうど二五文字をふくむ文は同一ではない。よってYはYと同一ではない、すなわち、Y≠Yである。これはナンセンスである。ゆえに、Xは日本語の文だという当初の仮定は偽である。つまり、Xは日本語の文ではない(証明完了)。

文字数の代わりに、「る」という文字で終わるという性質を使ってもいい。Xはその性質をもつので、「X＝Y」と根本原理(12)から、Yもその性質をもつ。だが、Yは「い」という文字で終わる。「る」という文字で終わる文と「い」という文字で終わる文は同一ではない。よってY≠Yである。

また、八番目の文字が「を」であるという性質を使うこともできる。Xはその性質をもつので、Yもその性質をもつ。だが、Yの八番目の文字は「は」である。八番目の文字が「を」である文と八番目の文字が「は」である文は同一ではない。よって、Y≠Yである。

これらの例からわかるように、XとYが文ならばXとYは多くの性質においてことなるので、そのことなる性質の一つをとればナンセンスが導き出される。そこから背理法により、Xは日本語の文ではないということが証明されるのである。

ここで鋭い読者は次のような疑問をもつかもしれない。

ちょうど三一文字をふくむ文とちょうど二五文字をふくむ文は同一ではない、という主張がなされているが、その正当化がなされていない。これはまずいのではないか。「ちょうど三一文字をふくむ」という性質と「ちょうど二五文字をふくむ」という性質は別々の性質だ（同一の性質ではない）ということはあきらかだが、だからといって即、前者をもつものは後者をもつものと同一ではないということにはならないのではないか。「いかなるものv、wについても、もしvとwが別々の性質をもつならば、v≠wである」という原理は真ではないからだ。

反例として、天の川銀河をあげることができる。vが「銀河である」という性質をもち、wが「地球をふくむ」という性質をもつとしよう。「銀河である」と「地球をふくむ」は別々の性質である。なぜなら、一つのものがいっぽうの性質をもち他方の性質をもたないということは可能であるから。たとえば、アンドロメダ銀河は、銀河だが地球をふくまない。この別々の性質を両方とも天の川銀河はもつ。つまり、天の川銀河はvでありかつwであるとみなせる。だからといってv≠w、すなわち天の川銀河は天の川銀河ではない、ということにはならない。

この別々の性質は別々ではあるが、同時にもつことが可能であるような別々の性質だからだ。「ちょうど三一文字をふくむ」という性質と「ちょうど二五文字をふくむ」という性質のペアは、「銀河である」という性質と「地球をふくむ」という性質のペアとはちがって、同時にもつことが可能ではない性質のペアだということを明示すべきではないのか。同じように、「る」という文字で終わるという性質と「い」という文字で終わるという性質のペアや、八番目の文字が「を」であるという性質と八番目の文字が「は」であるという性質のペアについても、それらはたんに別々なだけではなく、同時にもつことが不可能な性質のペアだということを明示すべきではないか。前節で使った、「る」というパターンの鉛微粒子で終わるという性質と、「い」というパターンの鉛微粒子で終わるという性質についても同様の要求がなされるべきである。

こういう疑問をもつ読者は、論理的な頭のもち主である。背理法が成功するためには、使用されている論理が完璧でなければならない。この疑問は、その完璧さに関する疑問なのである。完璧さを保証するために、厳密に言えば、たしかに次のような論証をつけ加える必要があるのだ。

「ちょうど三一文字をふくむ」という性質と「ちょうど二五文字をふくむ」という性質を同時にもつことが可能であるためには、三一文字と二五文字が同じ文字数であることが可能でなければならない。つまり、31＝25であることが可能でなければならない。だが、31＝25であることは不可能である。数学的に不可能である。

「る」という文字で終わるという性質と「い」という文字で終わるという性質を同時にもつことが可能であるためには、「る」と「い」が同じ文字であるか、同時にことなった文字で終わることが日本語の文に可能か、どちらかでなくてはならない。だが、「る」と「い」は同じ文字ではないし、同時にことなった文字で終わることは日本語の文に可能ではない。

八番目の文字が「を」であるという性質と八番目の文字が「は」であるという性質のペアや、「る」というパターンの鉛微粒子で終わるという性質と「い」というパターンの鉛微粒子で終わるという性質のペアについても同様に議論できる。

6 文の内容

テストの答えXは物体でもなければ文でもない。では何なのか。選択肢は限られる。Xはアヤメさんの答えであり、かつサツキさんの答えYでもある。すなわちX＝Yである。このことからXは物体でも文でもないという否定的な結論を出したのだが、Xについて何か肯定的な結論を出すことはできないだろうか。じつは、できるのである。アヤメさんとサツキさんは、別々の物体を別々の用紙の解答欄の表面になすりつけ、かつそうすることによって別々の文を解答欄に書き込んだにもかかわらず、同じ答えを出した。それが彼女らがしたことである。彼女らがしたこの共通の「こと」を「もの」化すれば、その答えとはいかなる「もの」かがわかるのである。

同じ答えを出すということは、解答欄に同じことを言っている文を書くということにほかならない。ならば、答えとは文が言っていることだ、ということになる。「文が言っていること」が何かということがわかれば、答えとは何かがわかるはずである。つまり、文(1)と文(2)がともに言っていることとは何なのかがわかればいいのだ。あらためてその二つの文をここに出そう。

(1)　内太陽系の惑星を質量の大きい順に並べれば、地球、金星、火星、水星となる。

(2)　内太陽系の惑星は、地球、金星、火星、水星の順に質量が大きい。

(1)と(2)が何を言っているのかを決めるのが、この節での任務である。文が何を言っているかを決める要素の一つは、その文が言及している特定のものは何かということである。たとえば、「カエデさんは人間である」という文はカエデさんという特定の人物に言及しているし、「スギオくんは爬虫類ではない」という文はスギオくんという特定の人物に言及している。もちろん、一つの文は一つの特定のものだけに言及するとは限らない。「カエデさんはスギオくんにキスした」という文は二つの特定の人物に言及している。「カエデさんはトロントに住んでいる」は一つの特定の人物と一つの特定の都市に言及している。また、特定の何ものにも言及しない文もある。たとえば、「何もない」という文は特定の何ものにも言及していない。「何もないわけではない」も同様に、いかなる特定の何ものにも言及していない。

(1)はあきらかに五つの特定のものに言及している。内太陽系、地球、金星、火星、水星である。これは(2)についても同様に言える。さらに、(1)も(2)もそれ以外の特定の何ものにも言及してはいない。つまり、特定のものへの言及に関しては、(1)と(2)のあいだにちがいはない。

言及されている五つのもののうち、内太陽系以外はすべて惑星である。それらの惑星は、すべて内太陽系に属し、地球、金星、火星、水星の順に質量が大きいと(1)は言っている。つまり、その四つの惑星と内太陽系のあいだに「…は…に属する」という関係が成り立ち、その四つの惑星どうしのあいだに(その順序で)「…は…より質量が大きい」という関係が成り立つと言っている。この記述は、(2)にもそのままあてはまる。(1)と(2)に共通なのは、同じ五つの特定のものに言及し、それらのもののあいだに同じ関係が同じように成り立つと言っているということである。ということは、(1)と(2)以外の文でも、その同じ五つの特定のものに言及し(かつ、それ以外のものには言及せず)、それらのもののあいだにその同じ関係が同じように成り立つと言っている(かつ、それ以外の関係については無言である)ならば、(1)と(2)は同じことを言っているということになる。たとえば、(13)と(14)がその例だ。

(13) 内太陽系の惑星は、質量の大きい順に、地球、金星、火星、水星である。

(14) The planets in the inner Solar System are, in the descending order of mass, Earth, Venus, Mars, and Mercury.

(13)は(1)とも(2)ともことなる日本語の文だが、あきらかに同じことを言っている(テストの答えとして同じことを言っているという意味である。テストから離れて、それ自体が日本語の文として何を言っているかをくわしく検討すれば(1)、(2)、(13)のあいだに微妙な差異があることがわかる、という意見があるかもしれない。そういう意見はおそらく言語学的に言えば正確だろうが、言語学的な厳密さを探求するために分析哲学的な関心をそらすことは避けるという本書の方針にもとづいて、わたしたちはそういう意見は無視することにしよう)。(14)は日本語ではなく英語の文だが、言っていることは同じである。ちがった言語でも同じことを言うことは可能なのである(これは、日本語の一つの文で言えることは何でも英語の一つの文でも言える、あるいは、英語の一つの文で言えることは何でも日本語の一つの文でも言える、ということではない。日本語で言えることは何でも何らかのかたちで英語でも言える、あるいは、英語で言えることは何でも何らかのかたちで日本語でも言える、ということでさえない。そうではなくて、同じことを言っている日本語と英語の文のペアが少なくとも一つある、ということにすぎない)。

これらの文と同じことを言っている文がほかにも数多くある、ということはこれらの例からあきらかであろう。言葉づかいの簡略化のために、文が言っていることをその文の「内容」と呼ぶことにしよう。(1)、(2)、(13)、(14)は同じ内容の文だというわけである。そしてその内容は、内太陽系、地球、金星、火星、水星についてであり、後者四つと前者のあいだに「属する」という関係が成り立ち、その後者四つのあいだに(その順序で)「より質量が大きい」という関係が成り立つ、という内容である。

これで、「アヤメさんのテストの答えは何ものか」という問いに一応の答えが出た(なぜ「一応の」と言うかは、あとでわかる)。「アヤメさんが解答欄に書いた文の内容だ」という答えである。そして、彼女が解答欄に書いた文(1)の内容は、二種類の要素によって決定される。(1)が言及する特定のものと、そのもののあいだに成り立つと(1)が断言する関係、という二種類の要素である。

7 事実

というわけで、テストの答えとは、テスト用紙の解答欄に位置する物体でもなければ、そこに書かれた文でもなく、そこに書かれた文の内容であるということがあきらかになった。その答えが正しいということはそれが事実と一致するということなので、答えが正しいということは、文の内容が事実と一致するということである。では、事実とは何か。

たとえば、金星は火星より大きいという特定の事実をとってみよう。この事実は金星と火星にかかわる事実である。そして、それは前者が後者より大きいという事実である。金星は火星より熱いという事実も金星と火星にかかわる事実だが、前者が後者より大きいという事実ではない。また、地球は水星より大きいという事実は前者が後者より大きいという事実だが、前者は金星ではなく、後者は火星ではない。金星は火星より大きいという事実を金星は火星より熱いという事実から区別するのは、その二つの惑星のあいだに成り立つ関係である。「より大きい」という関係なら前者の事実、「より熱い」という関係なら後者の事実になる。金星は火星より大きいという事実を地球は水星より大きいという事実から区別するのは、「より大きい」という関係がどの二つの惑星のあいだに成り立つかということである。金星と火星のあいだに成り立つのが前者の事実であり、地球と水星のあいだに成り立つのが後者の事実である。

こう考えると、金星は火星より大きいという事実は、それがかかわる物体とその物体のあいだに成り立つ関係によって、ほかのすべての事実から区別できるということがわかる。とすると、(順序立てられた)ものと関係とを決めれば、事実が一意的に決まるのだろうか。残念ながらそうはいかない。問題が二つあるのだ。一つは、その関係は、それらのもののあいだに(その順序で)成り立たないかもしれないということ。二つ目は、事実と文の内容の区別がなされていないということ。

この一つ目の問題はかんたんに解けると思われるかもしれないが、そうではない。たとえば、「カエデさん、スギオくん、キスした」という「もの、もの、関係」のトリプルの存在は何らかの事実を生み出すのだろうか。その二つのもの(二人の人物)のあいだに(その順序で)その関係が成り立つという事実があることになるのだろうか。いやならない。じっさいにカエデさんがスギオくんにキスしたのでなければ、そのような事実はない(カエデさんがスギオくんにキスしたという状況は決定されるが、すべての状況が事実なわけではないということに留意しよう)。ただたんに二つのものと関係とをあたえたからといって、その二つのもののあいだにその関係が存在するようになるわけではない。「世界」の協力が必要である。その二つのもののあいだに、その関係が「世界」で現実に成り立つ必要がある。あたえられたもののあいだにあたえられた関係が現実に成り立つ、という条件を加える必要がある。ならば、その条件を加えればいいのではないか。そうすれば問題は即座に解決するのではないか。

残念ながら、そううまくはいかない。カエデさんとスギオくんのあいだに(その順序で)キスしたという関係が現実に成り立つということは、そもそも、カエデさんがスギオくんにキスしたというのは事実だ――そういう事実がある――ということにほかならないので、「現実に成り立つ」という概念は「事実だ」という概念を仮定していることになる。なので、事実とは何かという問いかけに対して、「現実に成り立つ」という概念をもち出して話をすすめるわけにはいかない。悪循環に陥るからだ。もし「現実に成り立つ」ということがどういうことかを「事実だ」という概念を用いずに説明できれば、それに越したことはない。しかし目下のところ、そのメドは立たない。二つ目の問題を考慮するなかでそのメドが立てば願ったり叶ったりなのだが、はたしてそうなるのだろうか。そうなるかどうかは、二つ目の問題について考えてみるまでわからない。

というわけで、二つ目の問題に移ることにしよう。たとえ「カエデさん、スギオくん、キスした」という「もの、もの、関係」のトリプルが特定の事実を決定できたとしても、その同じトリプルは事実でない別の何かも決定しうるのであり、その別の何かとは「カエデさんはスギオくんにキスした」という文の内容である、というのが二つ目の問題である。「正しい」ということを文の内容と事実のあいだの一致関係として把握するために事実とは何かと問うにあたって、この問題は深刻である。なぜなら、事実とは何かという問いへの答えが文の内容とは何かという問いへの答えと識別不可能だとすると、文の内容と事実そのものが識別不可能になり、識別不可能なものどうしのあいだに一致関係が成立しないという可能性は理解できないので、文の内容と事実が一致しないという可能性が理解できなくなり、テストの答えが正しくないという可能性が理解できなくなるからである。そして、「…でない」という否定の概念は理解できるので、「正しくない」が理解できないということは「正しい」が理解できないということにほかならなくなってしまうのである。

この二つの問題は深く絡みあっており、別々に解決することはむずかしい。事実とは何かを明確にし、かつそれとは独立に文の内容とは何かを明確にしたうえで、文の内容が「正しい」内容であるためには事実といかなる関係にあることが必要かつ十分なのかを明確にする、という方法は遂行がむずかしい。では、その逆はどうだろうか。すなわち、文の内容を正しくする事実との関係とは何かをまず明確にしてから、そのあとでそれにもとづいて、そのような関係をもつことができるようなものとしての二者として文の内容と事実をあきらかにする、という方法である。これは、ある意味では乱暴なやり方と言えるかもしれない。xとyは何かを明確にする前に、xとyのあいだに成り立ちうる関係を明確にしようというのであるから。だが、ほかにやりようがなければ、これを試してみることは完全に無謀だとは言えない。その方法による提案を一つ見ることにしよう。

8　同型理論

文の内容が正しいためには、それと事実のあいだに、第3節で例示されたような同型という関係が成立していることが必要かつ十分な条件だ、というのが「正しい」ということに関する同型理論である。街の正確な地図と街や、リアリスティックな絵画とその題材のあいだに成立する同型関係が文の内容と事実のあいだに成り立てば、そしてそういう場合にのみ、その文の内容は正しいというわけである。事実をリアリスティックに描写する媒体として言語をとらえよう、という態度がこの理論の根底をなすのはあきらかである。この理論はうけ入れられるべきなのだろうか。この理論のそういう態度は賞賛にあたいするのだろうか。残念ながら答えは両方とも「否」である。第3節で見た例のうちリアリスティックな絵画の例を使って検討しよう。

a　程度の問題

絵画がリアリスティックかどうかは程度の問題であり、これは同型性が程度の問題であるということを如実に例示している。そうだとすると、文の内容とそれに対応する事実のあいだの同型関係も程度の問題だということだ。ということは、同型理論によれば、テストの答えの正しさも程度の問題だということになる。だが、当のテストの答えの正しさは程度の問題ではない。「地球、金星、火星、水星」という順に並べた答えは正しく、それ以外の順に並べた答えは正しくない。白か黒かであって、灰色はない。たとえば「地球、火星、金星、水星」という答えは「ある程度正しい」わけではない。それは内太陽系惑星をすべて質量の大きい順に並べてはいない。もちろん、地球がそれ以外の内惑星より先にくるのはいい。また、火星と金星が水星より先なのもいい。しかしだからといって、この答えが「内太陽系の惑星をすべて質量の大きい順に並べよ」という問題の答えとして「ある程度正しい」ということにはならない。四つの内惑星すべてを質量の順に並べてはじめて正しい答えになるのであって、いくつかの内惑星は質量順に並べたがいくつかは順序を逆に並べたような答えは、「内太陽系の惑星をすべて…」と明記している問題の答えとしてはただたんに正しくないのである。

この例に説得されない読者は、もっとかんたんな例を考えればいい。一般に文の内容とそれに対応する事実のあいだの同型関係が程度の問題ならば、同型理論によると、いかなるテストの答えの正しさも程度の問題でなくてはならないので、程度の問題でないテストの答えの正しさが一つでもあれば、それは同型理論への反例となるからだ。「金星と火星を大きさで比較せよ」という問題の正しい答えは「金星は火星より大きい」である。この答えは百パーセント正しく、これとちがう答えは百パーセントまちがっている。程度の問題ではない。なので、絵画が題材をリアリスティックに描写しているかどうかというのは、文の内容が事実を正しくとらえているかどうかということの正確なモデルとは言えない。

b　部分の問題

「同型」という概念そのものの説明にも、じつは問題がある。アングルの絵がその絵のモデルの外見と同型関係にあるということの説明で、モデルであるルイーズの左手の指の位置とキャンヴァス上の特定の絵の具の部分の位置に言及した。たとえばルイーズの左手の指三本が顎の下部に触れているのに対応して、その三本の指を描写している部分のキャンヴァス上の絵の具の広がりが、顎の下部を描写している部分のすぐ下にある、と言った。絵全体と、その絵がリアリスティックに描写するモデルの外見とのあいだの同型関係を説明するのに、その絵のことなる部分のあいだの位置関係と、モデルの外見のことなる部分のあいだの位置関係に言及し、その二つの位置関係が同じだと言ったのである。

この説明でなくてはならないのが、「部分」という概念である。モデルの外見の何らかの部分に対応して、キャンヴァス上の絵の具の何らかの部分があり、後者が前者を描写している。そして後者が前者と同型だというわけである。この「部分」という概念なしには、部分どうしの対応が意味をなさないし、部分どうしの対応が無意味ならば、絵全体とモデルの外見全体の同型性をそれぞれの部分どうしの関係によって説明することはできない。だが、部分どうしの関係それ自体はいかに説明すべきなのだろうか。部分をさらに小さな部分に分けて、その小さな部分どうしの関係によって説明しなければ、ほかに説明のしようがないだろうと思われる。ならば、その小さな部分どうしの関係はどうか。より小さな部分どうしの関係にうったえて説明するか、あるいは説明しないかどちらかだろう。遅かれ早かれ、あまりにも小さすぎて、その関係がそれより小さな部分の関係によって説明することができないようなサイズの部分に突きあたるのは必至である。絵のような視覚的対象の場合ならば、正常な視覚能力をもつふつうの大人がふつうの照射条件下で容易に見分けられるような最も小さいサイズの部分がそれであろう。そのような部分どうしの関係は、たんに「(ふつうの照射条件下で正常な視覚能力をもつふつうの大人に)同じように見える」ということに帰結せざるをえない。目に見える最小のサイズの対応するペアのそれぞれが同じように見え、その最小サイズの部分が同じように配置されていることによって全体どうしのあいだに成り立つ関係が、肖像画とそれが描写するモデルの外見のあいだの同型性だということになる。

正しさの同型理論の核となる関係をこのように理解するならば、部分という概念を文の内容と事実に適用することができなければならない。「金星は火星より大きい」とか「カエデさんはスギオくんにキスした」などの文の内容とそれに対応する事実に関するかぎり、これは問題ないように思われる。金星、火星、「より大きい」という関係、カエデさん、スギオくん、「キスした」という関係が、それぞれその部分だと言えるだろうからである。絵とモデルの場合とちがって、これらの部分は文の内容と事実に共通の部分である。もし金星と火星が「金星は火星より大きい」という文の内容の部分だとしたら、その同じ金星と火星が「金星は火星より大きい」という事実の部分でもあるということを否定するのはむずかしく、また逆に、もし金星と火星が「金星は火星より大きい」という事実の部分だとしたら、その二つの惑星は「金星は火星より大きい」という文の内容の部分でもあるということを否定するのはむずかしい。「より大きい」という関係についても同様で、それは文の内容か事実かどちらかの部分だが他方の部分ではない、と主張するのはむずかしい。

しかし、一般的な文の内容と事実についてはどうだろう。「惑星は恒星のまわりを回る」や「学生は生徒より年上だ」などといった文の内容とそれに対応する事実は、金星や太陽といった特定の天体、アヤメさんやサクラさんといった特定の人物についてではなく、惑星と恒星一般、学生と生徒一般についての文の内容と事実である。この一般性が問題を引きおこすのだ。もちろん、「のまわりを回る」という関係は「惑星は恒星のまわりを回る」という文の内容の部分だが惑星は恒星のまわりを回るという事実の部分ではない、あるいは、「より年上だ」という関係は「学生は生徒より年上だ」という文の内容の部分だが学生は生徒より年上だという事実の部分ではない、と主張するのは前例同様むずかしいということはたしかだろう。しかしそれとは別に、宇宙のすべての惑星と恒星、または日本のすべての学生と生徒が文の内容とそれに対応する事実の部分だ、と主張することには無理がある。どういう無理かというと、文の内容と事実の不変性に関する無理なのである。

一般に、もしxがyの部分だとすると、xが変わればyも変わる。たとえば、目は顔の部分なので、整形手術によって目が変われば顔も変わる。祝辞は披露宴の部分なので、祝辞が変われば披露宴も変わる。部分が変われば、全体も変わる。これは当たり前のことである。宇宙のすべての惑星と恒星、または日本のすべての学生と生徒が文の内容とそれに対応する事実の部分だとすると、この当たり前のことが否定されてしまうのだ。「学生は生徒より年上だ」という文の内容は二〇一五年と二〇一六年のあいだに変わってはいない。日本語に二〇一五年と二〇一六年のあいだに何らかの変化があったのはまちがいないが、この文の内容に影響するほどの変化はない。かりに二〇一五年にアヤメさんは生徒だったが、二〇一六年には生徒でなくなっていたとしよう。ということは、日本のすべての生徒の集まりをAとすると、アヤメさんは二〇一五年にはAに属していたが二〇一六年には属していなかった、つまり、Aは二〇一五年と二〇一六年のあいだに変化したということである。よって、もしAが「学生は生徒より年上だ」という文の内容の部分だとしたら、部分が変われば全体も変わるという当たり前の原理により、二〇一五年と二〇一六年のあいだにその文の内容も変化したことになる。だが、これは、その期間にその文の内容は変わってはいないというあきらかな真実と矛盾する。これが無理なのである。この文の内容の代わりに「惑星は恒星のまわりを回る」という文の内容を使っても同じような無理が生じるということは、宇宙ではつねに惑星や恒星が誕生したり消滅したりしているということを思い出せばすぐわかる。

だが事実についてはどうだろう。学生は生徒より年上だという一般的事実は、諸々の特定の事実から成っているのではないのか。もしそうだとすれば、二〇一五年には、学生はアヤメさんより年上だという事実がその諸々の特定の事実の一つだったが、二〇一六年にはそうではなくなっているので、学生は生徒より年上だという一般的事実は二〇一五年と二〇一六年のあいだに変化しているということになる。同様に、惑星は恒星のまわりを回るという一般的事実が諸々の特定の事実から成っているならば、金星は太陽のまわりを回っているという特定の事実は、いまは成り立っているがいまから五〇億年前には成り立っていなかったので、惑星は恒星のまわりを回るという事実は過去五〇億年のあいだに変化したということになる。

つまり、一般的なことを言っている文が一般的に言及する人や物(学生、生徒、惑星、恒星)がその文の内容の部分だという主張には無理があるが、それらの人や物がその文の内容に対応する事実の部分だという主張には同様の無理があるとは言えない、ということになる。文の内容とそれに対応する事実のあいだのこのちがいは、同型理論が要求する対応関係を阻むのである。

c　否定の問題

「水星は火星より大きくない」という文の内容は正しい。よって同型理論によれば、この文の内容と同型な事実がある。しかし、その事実とはいったい何なのか。もしそのような事実があるとすれば、それは水星は火星より大きくないという事実にほかならないが、それは、いったいいかなる事実なのだろうか。火星が水星より大きいという事実と同一の事実なのだろうか。そうではない。なぜなら、もしそうだとすると、前者の事実がなくて後者の事実があるということが不可能なだけでなく、前者の事実があって後者の事実がないということも不可能でなければならないが、前者の事実があって後者の事実がないということは可能であるからだ。なぜ可能かというと、水星と火星が同じ大きさだということは(現実ではないが)可能だからである。そういう可能性のもとでは、水星は火星より大きくないと同時に、火星が水星より大きいということもない。つまり、

(15) xはyより大きくない
(16) yはxより大きい

という二つの文は同じことを言っているのではないのである。

否定的事実の問題についてさらに言えば、次の文(17)の内容は正しいが、それと同型の事実は何かという問いに対する答えはあきらかではない。

(17) 内太陽系に水星より小さい惑星はない。

「この文の内容を正しくする事実は、内太陽系に水星より小さい惑星はないという事実だ」と言うのはかんたんだが、いったいそれはいかなる事実として認識すればいいのか。それについて二つ

のアイデアがある。

一つ目のアイデアは、内太陽系の水星より小さい惑星を想定したうえで、その惑星がないと言えばいいというアイデアである。一九世紀の半ばに海王星の存在を予言した天文学者が二人いたが、そのうちの一人が数年後に水星より内側にもう一つ惑星があると予言し、ローマ神話の火の神にちなんで「バルカン」と命名した。バルカンの理論的サイズは水星より小さいので、「(17)の内容を正しくする事実は、バルカンは存在しないという事実である」と言えばいいというのがこのアイデアである。だが、このアイデアはうけ入れがたい。たしかに天文学史的に言えば、水星より小さい内太陽系惑星として提案されたのはバルカン以外にはなかったが、水星より小さい内太陽系惑星として可能なのはバルカンしかありえないわけではないし、(17)は、バルカンだけに特定してそのような惑星はないと言っているのでもない。(17)はもっと一般的に、「内太陽系にある」、「水星より小さい」、「惑星である」という三つの性質をもつようなものは一つもない、と言っているのである。(17)の解釈としてバルカンをもち出すのは、狭すぎるのである。

二つ目のアイデアは、(17)の内容を正しくする事実は、火星は水星より小さくないという事実と、金星は水星より小さくないという事実と、地球は水星より小さくないという事実を「合わせる」ことによって得られる事実だというアイデアである。しかし、このアイデアはそのままでは使えない。内太陽系にこれら以外の惑星はない、という事実も「合わせる」必要があるからだ。では、そうすればうまくいくのだろうか。いや、ここで問題が二つもち上がる。

一つ目の問題は、

(18) 内太陽系に水星、火星、金星、地球以外の惑星はない

という文は(17)同様に「…はない」という存在否定の文なので、(17)の内容について同型理論に難点があるならば(18)についても同じような難点があるはずだ、という問題である。よって、(17)が引きおこす問題の解決のために(18)をもち出しても何の解決にもならない。日本語がわからなくて困っている日本への訪問者のために、日本語がわからない人を助っ人に駆り出すようなものだ。日本語がわからないということが問題ならば、日本語がわからない別の人が馳せ参じても問題はそのまま手つかずである。

二つ目の問題は、もし(17)の内容を正しくする事実が、次の文(19)の内容を正しくする事実だとすると、「について」関係にズレが生じるので同型関係が成り立たなくなる、という問題である。

(19) 火星は水星より小さくない、かつ金星は水星より小さくない、かつ地球は水星より小さくない、かつ内太陽系にこれら以外の惑星はない。

(17)は、内太陽系と水星という天文学的物体、より小さいという関係、そして惑星という天文学的物体の種類についての内容をもっている。それにくらべて(19)の内容は、それらすべてについてではあるが、さらなるもの、火星、金星、地球についてでもある。一つの同じ事実が(17)の内容と

(19)の内容を正しくしているのだとしたら、(17)の内容と(19)の内容はその事実に同型でなければならない。よって、(17)の内容と(19)の内容もお互いに同型でなければならない。あるいは少なくとも、同じものについての内容でなければならない。だが、両者は同じものについてではない。これが二つ目の問題である。

ここで反論があるかもしれない。(17)の内容が内太陽系についてであるということから、(17)の内容は(水星のみならず)火星と金星と地球についてでもあるということが帰結する、という反論である。だが、この反論はまちがっている。文の内容が内太陽系についてであって、かつ(たとえば)火星が内太陽系のなかに存在するからといって、その文の内容が火星についてだということにはならない。かりに火星が消滅したとしても、火星なしの内太陽系が内太陽系でなくなるわけではないし、(17)の内容が内太陽系についての内容でなくなるわけでもない。かりにあなたが髪の毛を剃り落としたとしても、坊主頭のあなたがあなたでなくなるわけはないし、「あなたにチョンマゲはない」という文の内容があなたについての内容でなくなるわけではないというのと同じだ。

9　相関理論

前節の三つの問題点のうち最初の二つを克服するには、同型理論を少しだけ変えればいい。文の内容と事実の一致を、地図や写実的絵画といった例に忠実に例示されるものとして理解するのをやめることによって、その二つの問題を克服することができる。「同型」という概念を適切にゆるめればいいのである。同じ言葉を使いつづけると混乱するので、ゆるめた関係を「相関」と呼ぶことにしよう(ここで導入される「相関」という言葉は、わたしたちの考察の目的に即したテクニカル・タームなので、日常言語の意味を押しつけて理解すべきではない)。

a 真理

その相関とはいかなる関係かを説明するために、

(20) 金星は火星より大きい

というかんたんな文を例にとることにしよう。この文の内容は、金星と火星という二つの惑星と「より大きい」という一つの関係についての内容である。すなわち、(20)の内容とこれらの惑星との関係のあいだには「について」という関係がある。この「について」という関係がどういう関係なのかという問いに答えることによって、「相関」とはどういう関係かがあきらかになるだけでなく、文の内容の本性とそれに相関する事実の本性も同時にあきらかになる。ここで大事なのは、(20)の文の内容の正しさは、わたしとあなたの顔の大小関係や、金星と火星のイオウ含有量関係などには左右されないということだ。金星と火星の大小関係のみに左右されるのである。その左右され方を明示すれば、当の問いの答えが出るのである。

ここまでくれば、わたしたちが検討してきた文の内容の正しさとは、ある特定の特殊な種類の正しさであるということが、おのずからわかるだろう。文の内容が(ここまで検討してきた意味で)正しいとは、それが真だということなのである。(20)の内容がそれについてであるような関係(「より大きい」という関係)が、(20)の内容がそれについてであるようなもの(金星と火星)のあいだに成り立てば(20)の内容は真であり、そうでなければ偽である。

(21)　(20)の内容は、金星と火星のあいだに(その順序で)「より大きい」という関係が成立する場合、かつその場合にのみ真である。

ここであきらかにされる(20)の内容の本性は、「真であるとか偽であるとかが言える」ということである。そうだからこそ、(20)という文も真だとか偽だとか言えるのである。一般的に言えば、「真理値をもつ」ということ(真か偽かということ)を本性とするのは「文の内容」と呼ばれるものにほかならず、文そのものの真理値はその文の内容の真理値と「同一である」という関係にある。つまり、真理値はそもそも基本的には文の内容に属するのであって、内容を通して派生的に文にも属すると言えるのだというわけである。逆に言えば、真理値があるのが本性であるような何ものかを内容としてもつことによって文は真理値がもてる、いわば内容から真理値が相続できるのである。

それが文の内容の本性だが、では事実の本性はどうだろうか。(20)の内容は、金星、火星、「より大きい」という三者についての内容だが、(20)の内容に相関する事実もまたそれら三者についての事実である。つまり、金星が火星より大きいという事実は、金星と火星という惑星と「より大きい」という関係についての事実である。事実は、それが「について」という関係をもつものによって構成されている。(20)の内容に相関する事実は金星、火星、「より大きい」についてであるのみならず、それらによって構成されている、つまり、それらから成っているのである。

ここで、(20)の内容はこの事実と同じ要素から同じ仕方で構成されているのではない、ということを少しくわしく見てみよう。一般に、もし文の内容が事実をなす諸要素から事実をなすのと同じふうに成っているとすれば、文の内容は事実だということになるが、そうではないということは、文は二つある真理値のどちらをもちうるということ、とくに、偽でありうるということから証明できる。次の文を見よ。

(22) あなたの顔は木星より大きい。

この文の内容は、あなたの顔、木星、「より大きい」についてである。背理法のために、(22)の内容はこれらから成る事実だとしよう。(22)には内容がちゃんとある、つまり(22)の内容は存在するので、その事実は存在する。ということは、あなたの顔と木星のあいだに(その順序で)「より大きい」という関係が成立するということだ。しかし(21)にならって(22)の真理条件を言えば、

(23) (22)の内容は、あなたの顔と木星のあいだに(その順序で)「より大きい」という関係が成立する場合、かつその場合にのみ真である

となる。よって、(22)の内容は真である。この帰結がナンセンス(あきらかに偽)だということは、あなたの顔を見たことがないわたしにさえわかる。ゆえに背理法により、(22)の内容は、あなたの顔、木星、「より大きい」から成っている事実ではない。(22)の内容は、あなたの顔、木星、「より大きい」についてではあるが、それらから成っている事実ではない。

ここで一つ注意にあたいするのは、この証明は、(22)の内容はあなたの顔、木星、「より大きい」から成っているのではない、ということを示してはいないということだ。(22)の内容が事実とはちがうふうに、あなたの顔、木星、「より大きい」から成っているという可能性は排除されていないからだ。同じ諸要素から一つの構成方法で事実が作られ、別の構成方法で文の内容が作られるのだ、という立場は論駁されていない。

b　嘘

もう一つ注意すべきことがある。それは、文の内容が真だと誰かが言うとき、その反対の意味を伝えたいならば、その文の内容は「嘘だ」と言うのはまちがいだということである。そもそも真偽は文の内容に即帰属させることができる性質だが、嘘かどうかは本来「嘘をついている」という、発話者にまず帰属させるべき性質から派生的に生まれた性質だからである。「文が嘘をついている」や「文の内容が嘘をついている」とは言わず、「いじわるじいさんが嘘をついている」などと言い、そのような場合にのみ、嘘をついているとされる発話者が発する文の内容が嘘だと言えるのである。

つまり、発話者が嘘をついているとき、そしてそのときに限り、その発話者が発する文の内容が嘘だと言えるのである。

では発話者が嘘をつくとはどういうことなのか。ここで真理と嘘のちがいがはっきりする。いじわるじいさんが「ポチがうちの畑で小判を見つけた」と言ったとしよう。どういう条件が満たされれば、いじわるじいさんは嘘をついたことになるのだろうか。まず第一に、いじわるじいさんは自分の発言を信じていない、ということが必要だ。自分が信じていることをそのとおりに発言したなら、嘘をついていることにはならない。第二の条件は、いじわるじいさんの文の内容が真ではないということだ。この二つの条件が満たされてはじめていじわるじいさんは嘘をついたことになる。すなわち、嘘をつくとは、真ではなく、かつ自分も真と信じていないような文の内容をそのまま伝えることである。

真と信じていないだけでなく真ではないと信じている必要がある、と主張する読者がいるかもしれない。ポチが小判を見つけたかどうかわからないまま「ポチが小判を見つけた」と言うのは嘘をついていることにはならない、というわけだ。それは無責任な発言かもしれないが、嘘の発言ではないというわけだ。聞き手をあざむくという行為は、真ではない内容の文をうけ入れさせるという行為なので、聞き手をあざむくという意図がないかぎり嘘をついていることにはならないとしたら、嘘をつくためには、発話文が真だと信じていないだけでは不十分であって、真ではないと信じている必要がある。発話文の真偽に無頓着なだけでなく、聞き手をあざむく意図があるということが嘘をつくことの必要条件かどうかという興味深い問題を論じることはここではしない。読者が各自考えてみてほしい。

では、発せられた文の内容の真偽はどうか。文の内容が真ではないということは、発話者が嘘をついているということの必要条件だろうか。かりにポチが本当にいじわるじいさんの畑で小判を見つけたとしよう。そして、いじわるじいさんはそのことを知らない。いやそれどころか、ポチは小判を見つけていないと信じているとしよう。そういう状況下で、聞き手をあざむこうという意図をもちつつ「ポチがうちの畑で小判を見つけた」と言ったとする。こういう場合いじわるじいさんは嘘をついているのだろうか。もし嘘をついていないのならば、文の内容が真であるということがその文の発話者に嘘をつかせなくしているということなので、発話者が嘘をつくということと発せられた文の内容が真でないということは連係しているが、「嘘だ」という特徴づけに含意される発話者の心の状態が、発せられた文の内容の「真ではない」という特徴づけに含意されないことに変わりはない。そのいっぽう、もし文の内容が真であるにもかかわらず嘘をついているのならば、嘘の文の内容は真でありうるということなので、発話者の嘘と発せられた文の内容が偽であることのあいだには関連がないことになり、文の内容が真ではないと言いたいならば「嘘だ」と言うのは避けるべきだということになるのである。

c　真の内容

さて、事実の本性に戻ろう。文の内容とちがって、事実は真だとか偽だとか言えない。だが、あるとかないとかは言える。金星が火星より大きいという事実はあるが、あなたの顔が木星より大きいという事実はない。デイヴィッド・ヒュームがジャン＝ジャック・ルソーより一年早く生まれたという事実はあるが、わたしが古文の作文力で紫式部にまさるという事実はない。陽子が二つのアップクォークと一つのダウンクォークから成るバリオンだという事実はあるが、イルカが魚類だという事実はない。現実の世界は、このように無数にある事実のすべてによって作り上げられているのである。もちろん、ない事実はどれも現実の世界にはふくまれない。というわけで、正しさの一種類としての文の内容の真理は、一般に次のように明確化できる。

(24) 文の内容は、それに相関する事実がある場合、かつその場合にのみ真である。

相関は文の内容と事実のあいだのある種の一致関係であり、事実のありなしは現実の世界のありようを決めるので、文の内容の真理は現実の世界のありようとの一致関係だと言える。つまり、文の内容が真ならば現実の世界はその文が言っているとおりであり、現実の世界がこれこれならば、これこれだと言っている文の内容は真である。

テストの答えの正しさとは何かという問いから出発したわたしたちの考察は、事実から成り立っている現実の世界への相関関係としての真理という「正しさ」の一種類を特定した。真理についていて細かく検討しようと思えばきりがないが、わたしたちは真理という関係の片面、すなわち事実についてさらにもう少しくわしく見ることにしよう。

第2章
事実の存在

テストの答えが正しいという意味での正しさは、文の内容が真だということであって、文の内容が真だということは、それに相関する事実があるということだ、というのが第1章のささやかな結論だが、本章では、事実があるということはどういうことかについてくわしく論議する。内太陽系の惑星の大きさを比較したとき、たとえば地球が水星より大きいという事実はあり、水星が火星より大きいという事実はない。このちがいは何か。

1　ナイーヴ・リアリズム

地球が水星より大きいという事実があるかどうかは、天文学者たちが何を主張するかに依存しない。もし依存関係があるとすれば逆である。地球と水星の大きさの比較で天文学者たちが何を主張するかは、地球が水星より大きいという事実があるかどうかに依存する。事実のあるなしが先行していて、天文学者たちの主張がそのあとにくる。天文学者たち自身が、そういう依存性の方向を前提にしている。地球と水星の比較的サイズについての事実がまずあり、それがいかなる事実かを決めるのが天文学者たちの仕事(の一部)だという前提である。くわしく言えば、地球は水星より大きいという事実があるか、水星は地球より大きいという事実があるか、両者は同じ大きさだという事実があるか、いずれかであり、これは「大きさ」という概念によって保証されるが、天文学者たちは、この三つの可能性のうちどれが現実かを決めるのである。

だが、なぜ天文学者なのか。なぜ経済学者でもジャズピアニストでも落語家でもなく、天文学者なのか。経済学者やジャズピアニストや落語家が惑星についてあれこれ言っても、天文学者が惑星についてあれこれ言うほど信ぴょう性が高くないのはなぜか。それは、天文学者は、惑星を観察しそれについて考えることにおいて、経済学者やジャズピアニストや落語家より優れているからにほかならない。観察するということは、知覚するということである。知覚には一般に視覚、聴覚、触覚、嗅覚、味覚の五感があるが、惑星は地球を除いてあまりにも遠いので視覚以外の感覚は容易には使えない(地球でさえ五感すべてを駆使するのは必ずしも生産的ではない——とくに味覚の使用は控えたほうがよかろう)。

肉眼だけにたよって地球は水星より大きいという事実があるのを確認するのは困難なので、望遠鏡の助けが重要だが、肉眼以外のものにたよる観測は視覚の域をこえていると結論するのはまちがっている。高性能のコンピューターを備えた大掛かりな天体望遠鏡だろうが、近所の文房具屋で買えるルーペだろうが、視覚の助けになる人工的補助器具を使ったからといって、視覚以外の手段で事実のありなしを判断しているということには必ずしもならない。電波望遠鏡のアウトプットは、ルーペごしに見る新聞の文字のように対象を端的に表すヴィジュアルイメージではないが、それ自体視覚の対象であり、それを処理して天文学的に有意味な情報に変換するための装置もそれ自体視覚対象である。

天文学者は、望遠鏡など一連の装置を駆使して惑星やそのほか宇宙内の遠距離物体についての事実のありなしを決める技に誰よりも長けているのであるが、なぜそのような技が必要なのか。それは、地球が水星より大きいという事実のありなしは、わたしたち人間の思うままにはならないからである。地球と水星は人間の思いとは独立に存在し、人間の思いとは独立に何らかの大きさがあるからである。あなたやわたしや経済学者やジャズピアニストや落語家や天文学者がいようがいまいが、どんなことを思おうが感じようが、地球と水星は独立に存在し独立の大きさをもつ。わたしたちの自由にならない事実のありなしを確認するために、そのような技が必要になるのだ。地球と水星に関する事実だけではなく、天の川銀河とアンドロメダ銀河に関する事実や、イルカと魚類に関する事実や、そのほか諸々の事実についても同様である。

ほとんどの事実のありなしは人間の自由にならない。世界にはわたしたちのほか数多くのものが存在し、わたしたちの知覚は、それがおよぶかぎり、通常それらのものをほぼ大体あるがままに示してくれる。そういう頼りがいのある知覚にたよっているからこそ、わたしたちは適切な行動ができ、生きのびられているのである。そういう世界にわたしたちは住んでいるのである。この世界観を「ナイーヴ・リアリズム」という。地球や水星はその規模やわたしたちからの距離などにおいて、お金やクラリネットや小話とちがい、五感の日常的な使い方ではそのありようの細部を把握できにくいので、五感――とくに視覚――を補助する望遠鏡や大型コンピューターなどの大規模な機器を自由に操る技術がなければ研究できない。そのような技術をもつ専門家が天文学者なのであるが、彼らは天体観測に必要な技術と天体観測結果を解釈する理論的知識をもっているという点で経済学者やジャズピアニストや落語家とちがうだけであって、五感以外の特別の知覚能力が備わっているわけではない。わたしたちの視覚より優れた「超視覚」をもっているわけではない。いかに高度な科学実験や観測も、人間がおこなうかぎり、正常の人間なら誰もがもつ五感という知覚に最終的にたよらざるをえない（知覚以外の知的能力――悟性や理性など――も必要だということは言うまでもない）。

ナイーヴ・リアリズムによると、わたしたちは世界の一部であり世界に依存する存在であると同時に、その世界はわたしたちとは独立に存在し、わたしたちの知覚はその世界における事実のありなしをほぼ忠実にわたしたちに告げる役割をになっている。わたしたちの知覚が通用する領域は大きく限られているので、世界における事実のありなしのおおかたはその適用可能な領域外に位置し、その結果わたしたちは世界についておおかた無知であらざるをえない。しかし知覚の適用範囲内では、わたしたちは知識を得ることができる。つまり、世界のほぼすべての事実についてそのありなしはわたしたちの知識外だが、知覚の適用範囲内では事実のありなしは結構よくわかる。

ただ、知覚の適用範囲内でもまちがいはおきる。それは知覚が、知覚主体と知覚対象のあいだの複雑な因果関係だということを考えれば、無理もないことだ。つねに百パーセント信頼できるというわけではないにしろ、(どの惑星がどの惑星より大きいかというようなことがらについては)最終的に知覚以外にたよるものがないわたしたちは、誤謬可能性を心に留めつつも注意深く知覚にたよることによってしか、(物体の大きさなどといった)世界の事実についての知識を得るすべはないのである。ということは、もし知覚にたよっていては(そのような)事実についての知識は得られないということが示されたならば、(そのような)事実についての知識を得ることはまったくできないという結論が導かれることになる。

2　正しさの確証

これまでの考察があきらかにしたのは、「地球が水星より大きい」という文の内容が正しいのは地球が水星より大きいからだ、ということである。この節では、わたしたちの知識について考えよう。地球が水星より大きいということが正しいからといって、地球が水星より大きいということをわたしたちが知っているということにはならない。わたしたちは正しいことをすべて知っているわけではない。地球が水星より大きいということをわたしたちは知っていると言えるためには、地球が水星より大きくなければならないのはあきらかだが、それだけでは十分ではないということもあきらかである。では、ほかに何がいるのか。もちろん、地球が水星より大きいとわたしたちが信じる必要があるだろう。しかし、それでもまだ足りない。

わたしは山国出身であり、アオイさんはわたしが山国出身だと信じているとしよう。にもかかわらず、アオイさんはわたしが山国出身であることを知っているとは言えないかもしれない。なぜなら、アオイさんがそう信じるのは、「八木沢敬は名古屋出身であり、名古屋は山国なので、八木沢は山国出身だ」という推論の結果かもしれないからだ。もしそうならば、わたしが山国出身だというアオイさんの信念は、わたしが名古屋出身だとか名古屋は山国だとかいうまちがった仮定にもとづいているのであって、わたしが山国出身だという事実にもとづいていないので、知識とは言えないのである。

同じように、地球が水星より大きいというわたしたちの信念は、地球が水星より大きいという事実にもとづいていなければ知識とは言えない。ここで言う「もとづいている」とはどういうことだろうか。たんなる信念と本当の知識を区別する、この概念をはっきりさせるのは大事なことである。そして前節の考察からあきらかなように、「もとづく」という関係のなかでは知覚が中心的な役割を果たしている。まず、天文学者たちによる地球と水星の(観測機器に補助された)知覚から「地球は水星より大きい」という天文学者たちの信念が生じる。そして、その信念が言語化された「地球は水星より大きい」という天文学者たちの発言を知覚することによって、わたしたちは「地球は水星より大きい」という信念をもつにいたる。この二つのレベルでの知覚の関与によって、わたしたちの信念は地球と水星についての事実にもとづいていると言えるのである。

知覚が十分だと言っているのではない。必要だと言っているのである。地球と水星を知覚したからといって地球が水星より大きいとわかるわけではないのは、ミルクと卵と砂糖を用意したからといってアイスクリームが食べられるわけではないのと似ている。適切な食材があっても、それを適切に処理しなければアイスクリームはできない。地球と水星に関する生の視覚情報があっても、それを適切に処理しなければその二つの惑星の大小関係はわからない。天文学者たちの発言の知覚についても同様である。その発言を(雑誌で)見たり(講演で)聞いたりしても、それを意味ある言語として適切に解釈しなければ「地球は水星より大きい」という信念をもつにはいたらないだろう。適切な処理がなされるべき生のデータをくれる能力である、わたしたちとわたしたちを囲む世界とのあいだのインターフェイスとしての知覚が必要だと言っているのである。

知覚の関与のこの二つのレベルのいずれにおいても、まちがいがおこりうる。内太陽系での異常環境の発生や観測機器の異常作動など、第一のレベルでのまちがいを引きおこす潜在要因は多い。また、人間の知覚に内在的な要素が誤認を誘発することはよく知られている。

一般に、わたしたちの知覚はふつうの実生活にはこの上もなく有用だが、ふつうでない状況(泥酔下の状況など)や実生活から離れた状況(地球表面から遠い宇宙空間での状況など)に関しては必ずしもたよりになるとは限らない。正常の知覚が錯覚や幻覚を生む可能性を秘めているならば、正常の知覚をたよりにして何が事実かを決めるのは危ういのではないだろうか。ある状況下で知覚をたよりにして事実の存在を確証できたと思っても、じつはそれが実生活のふつうではない状況あるいは実生活から離れた状況であって正常の知覚があてにならなかったとしたら、そうして得た信念は事実にもとづいているとは言えないかもしれない。

もし知覚がたよれるとする保証が得られるとすれば、それはどこから得られるのだろうか。地球が水星より大きいと天文学者たちに告げる知覚は、たよれる知覚であり事実にもとづく信念をあたえてくれる知覚だ、という保証はどこからくるのだろうか。わたしが山国出身だというアオイさんの信念は本当の知識とは言えないが、それは彼女がその信念に達するために使った推論に偽の仮定がふくまれていたからだ。仮定の誤謬が、たまたまうまい具合に相互補正しあって真なる結論を導き出したにすぎないからだ。もし天文学者たちの知覚がアオイさんの推論の偽の仮定のように彼らをあざむいているとしたら、たとえ「地球は水星より大きい」という結論にいたったとしても、その結論を確証したことにはならない。わたしたちは完璧な推論者でないと同時に、完璧な知覚者でもない。二重に不完全な認知者なのである。

しかし、それは地球と水星の大きさの比較のような日常生活からかけ離れたことがらに関してだから言えるのであって日常生活のなかでは言えない、と主張したい読者がいるかもしれない。では日常生活についての例をとり上げてみよう。あなたはいまこの本を読んでいる。少なくとも、あなたの目の前には一冊の本がある（この本を電子書籍として読んでいるならばこの段落の議論の細部を調節する必要があるが、大勢は変わらない)。目の前に一冊の本があるというのは、十分に日常的なことがらの一例だと言えるだろう。あなたは自分の目の前に本があるということをいかにして確証できるのか。もちろん知覚によってである。視覚はページの文字を、触覚は紙の肌触りを、聴覚はめくられるページが発する音を、嗅覚は製本されたばかりの紙の匂いを、それぞれあなたに知覚データとしてあたえる(味覚については、あえて言わない)。これらの知覚データにたよるのは、地球が水星より大きいという信念を得るさいにかかわっている知覚データにたよるのにくらべて、より確固たる確証手段なのだろうか。後者は天文学者たちが高度な観測機器を介してもつ知覚データと、その知覚データから高度に理論的な背景のもとに推論された判断とを、あなたが出版物で読むなり講演で聞くなりして得る知覚データから成っている。それにくらべて前者は、あなたの直接的な知覚による知覚データのみから成っている。なのでプラクティカルには、目の前に本がある確率は地球が水星より大きい確率より高いと言えるかもしれない。

だが、ここでの議論はプラクティカルにどうこうという議論ではなく、原理的なことがらについての議論である。惑星の例が、(高度に理論的な背景のもとでの推論における誤謬の可能性とは別に)知覚のかかわりあいによって確証可能性が疑われるべき事実の例であるならば、本の例も、知覚のかかわりあいがあるかぎり確証可能性が疑われてしかるべきである。ここでの疑いの可能性は白か黒かどちらかであって、灰色の領域はない。程度の問題ではないのである。人間の正常な知覚がさまざまな誤りを許すということが地球は水星より大きいという事実の確証を疑わせるのならば、あなたの前にいま本が一冊あるという事実の確証も疑わせる。もっと言えば、百パーセント非の打ちどころがないわけではないあなたの知覚がとらえそこねている何らかのエージェントがいて、じっさいは何もないあなたの目の前にあたかも本があるかのように見せているという可能性は、あなたの知覚データによって排除されはしない。じっさいに本があるというのが事実であったとしても、そういう可能性は排除されないので、あなたにはその事実を確証できないのである。

すべての事実がわたしたちに確証可能なわけではない。そして、かりに特定の事実がわたしたちに確証可能だったとしても、その事実が確証可能だという事実（メタ事実）は確証可能ではないかもしれない。さらに、たとえそのメタ事実が確証可能でも、そのメタ事実が確証可能だというメタメタ事実は確証可能ではないかもしれない。わたしたちが信じる文の内容が事実に相関しているだけでは満足せず、その事実の確証をもとめ、さらにその事実が確証されているというメタ事実の（メタ）確証ももとめ、さらにそれについてのメタメタ事実の（メタメタ）確証ももとめるならば、それはとどまるところを知らないし、もとめるものを得ることもできない。そのような強迫観念にとりつかれると高度の欲求不満にならざるをえないので、満たされえないその欲求を消し去るような何らかの思考の方向をたどることになる。それについて見ることにしよう。

3　懐疑論

事実とその確証に関する、潜在的に無限後退的な欲求不満を消すための方法が一つある。それは、地球が水星より大きいという事実そのものを疑うことである。そうすれば、その事実の確証という問題はおこらないし、メタ確証、メタメタ確証、…などはおのずと問題にならなくなる。これは、地球が水星より大きいかどうかわたしたちには決定できないとする、ということではない。そうではなく、地球が水星より大きいという事実がそもそも存在することを疑うということだ。こうして懐疑論が生まれるのである。事実の確証、そのメタ確証、そのメタメタ確証、…を執拗にもとめつづける強迫観念からの逃避の到達先が懐疑論なのである。

では、地球が水星より大きいということを疑うには、具体的にはどうすればいいのか。地球と水星の存在をうけ入れ、かつ地球が水星より大きいという事実を疑うことはできるだろうか。もし地球と水星が存在するならば、両者とも惑星なので、ある一定の大きさをもっていることになる。とすれば、片方が他方より大きいかまたは両者は同じ大きさかどちらかである。ということは、地球が水星より大きいということを疑うならば、水星が地球より大きいかまたは地球と同じ大きさかどちらかだろうと言う必要がある。だが、それは、水星が地球より大きいかまたは地球と同じ大きさだということとの確証への欲求を呼ぶので、懐疑論のもともとの動機に反する。

では、地球と水星はそれぞれ一定の大きさをもつが、その二つの惑星のあいだにはいかなる大きさ関係も成り立たない、と主張するのはどうだろう。形状がまったくちがう二つのもの、たとえばピンポン玉とカマキリ、については同じ大きさだとかいっぽうが他方より大きいとか言えない、という意見があるかもしれない。そのような意見はある意味ではもっともだが、この場合にはあてはまらない。なぜなら、地球と水星は形状がまったくちがうどころか、ほぼ同じ形状、すなわちほぼ球体である。さらに、ピンポン玉とカマキリについても、純粋に質量あるいは体積をくらべることは可能であり、そうすれば両者は同じ大きさ（同質量あるいは同体積）か、いっぽうが他方より大きいと言えるだろう。

ならば、地球と水星はそれぞれ一定の大きさをもつ、ということを疑ったらどうか。そうすれば、大きさの比較は疑わしくなる。たしかに、量子力学によれば物体の大きさは完全に一義的には決まらない、という意見がある。しかし、たとえその意見をうけ入れたとしても、時点を特定すれば、その時点での両惑星の大きさは量子力学的曖昧さの範囲をこえて十分ことなっていて、大きさの比較に問題はないだろう。

地球が水星より大きいということを疑う懐疑論者は、地球と水星の存在そのものを疑う必要があるように思われる。地球と水星はたんなる例として論じられているにすぎないので、この議論にそえば、懐疑論者はわたしたちをとり巻く物体や物理的エネルギーやエネルギー場などから成る宇宙そのものの存在を疑う必要があるということになる。すなわち、ナイーヴ・リアリズムを放棄する必要があるということだ。もし懐疑論者がこのような理由でナイーヴ・リアリズムを放棄するならば、懐疑論者は自分自身の身体の存在も疑わねばならない。そうしなければ、自分の身体に向けたわたしたちの知覚はつねに百パーセント信頼できるものではないので、地球と水星の場合同様、確証、メタ確証、メタメタ確証、…についての問題がおきてしまうからだ。

他人の身体とちがって自分自身の身体の場合は、五感のほかに、身体の部分の位置や運動、身体にかかる抵抗や重量などを直接感知する、筋肉や腱などが司る「固有受容感覚」と呼ばれる感覚がある。また、自分の身体のバランスや空間内での向きを感知する「前庭」と呼ばれる器官も内耳にある。こういう医学的知識にもとづいて、五感とは別に固有受容感覚と前庭へのインプットによって自分自身の身体の存在が直接わかると主張する読者がいるかもしれない。だが、そのような主張は懐疑論者にとっては説得力がない。固有受容感覚も前庭へのインプットも、五感ではないにしろ知覚の一種にちがいないので、五感同様百パーセントの信頼はできない。したがって懐疑の的にならざるをえない。また、そもそも身体の存在を疑おうという懐疑論者に対し、身体の特定の部分の機能にたよる知覚に言及して身体の存在を擁護するのは説得力に欠ける。

自分自身の身体をふくめてすべての物理的実体のリアルな存在、すなわちリアリティー、を疑う懐疑論者に残されたリアリティーはあるのだろうか。あるとしたら、それは何か。疑いそのものはどうだろう。物理的全体としての宇宙のリアリティーを疑うさいに、その疑いそのもののリアリティーは疑いの対象になっていない。それどころか、その疑いそのもののリアリティーが疑われるならば、物理的全体としての宇宙に向けられた懐疑の足場が危うくなるので懐疑論が崩れる。

しかし、物理的全体としての宇宙のリアリティーを疑った直後にその疑いを、さらなる疑い（メタ疑い）の対象にすることはできるのではないか。もちろんできる。だが、そのメタ疑いを真に受けるならば、懐疑論について懐疑的にならざるをえない。そして、それはナイーヴ・リアリズムに戻る動機にもなりうるかもしれない。また、物理的全体としての宇宙に向けられた疑いの生起とメタ疑いの生起のあいだに時間のズレがあるならば、前者がおきているその時点（t）では後者はまだおきていないので、tにおいては懐疑論は安泰である。そのすぐあとメタ疑いが生じた時点では懐疑論が崩れるかもしれないが、そのメタ疑いそのものもさらなる疑い（メタメタ疑い）にさらされうる。もしそうなれば、その時点で懐疑論の崩壊の基盤が崩壊するので懐疑論はふたたび安泰となる。

疑い、メタ疑い、メタメタ疑いというこの列は、先の確証、メタ確証、メタメタ確証、…という列を連想させる。後者の列が潜在的に無限につづきうるのと同じように、前者の列も潜在的に無限につづきうる。そうなれば、懐疑論は崩壊と安泰の両極間を行ったり来たりする運命になる。この事態そのものが、懐疑論について懐疑的になる理由になるのではないか。懐疑論者が懐疑論について懐疑的になる理由を発見するということは、懐疑論者にとって望ましいことだとは思えない。懐疑論とメタ懐疑論、さらにメタメタ懐疑論などを区別しても事態は本質的に変わりはしない。確証に関する潜在的無限列が生むフラストレーションから逃れようとした結果が懐疑論への到達ならば、疑いに関する潜在的無限列が生む、この自己言及的なフラストレーションからさらに逃れようとする懐疑論者の行きつく先はどこなのだろうか。

4　観念論

地球や水星のリアリティーを、それについてのわたしたちの確証可能性から引きはなして独立に維持するのがナイーヴ・リアリズムの立場なので、懐疑論者はその立場に戻ることはしないだろう。ならば、どうするのか。確証可能性に執着するのをやめればいいのである。地球や水星のリアリティーは、わたしたちから独立には認められないにしても、わたしたちによる確証可能性に依存しているわけではない、と言えばいいのである。では、わたしたちの何に依存するというのか。わたしたちの考えである。地球や水星は、わたしたちが地球や水星のことを考えているかぎりリアルに存在するが、そうでなければリアルに存在しない。こう主張する立場を「観念論」と言う。

地球や水星について確証しなくても地球や水星について考えることはできるので、観念論は懐疑論より物体にリアリティーをあたえやすい。と同時に、観念論は懐疑論より物体からリアリティーを剝奪もしやすい。確証可能性はいったん確立されればかんたんには失われないが、考えるということは即座にできる反面、即座にやめることもできるからである。ということは、わたしたちはつねに地球や水星のことを考えているわけではないので、地球や水星はリアルに存在したりしなかったりを繰り返している、つまり、リアリティーに入ったり出たりしているということになる。このいわば「存在論的軽さ」が、観念論に面倒を引きおこす。

目下わたしたちは水星のことを考えているので、観念論によれば、水星はリアルに存在している。さてここで、一〇時間後(t_1)には誰も水星のことを考えていないと仮定しよう。そして、誰も水星のことを考えていないという状況がしばらくつづいたあとで、その二時間後(t_2)にあなたがふたたび水星のことを考えはじめるとしよう。ならば、t_1とt_2のあいだの時間には水星は存在していないがt_2でふたたび存在しはじめるということになる。t_1の直前に存在しているとき水星は軌道上のある特定の位置(p_1)にあるがt_1時点でp_1から消え去り、t_2でまた存在しはじめるときは軌道上の別の特定の位置(p_2)に突如として現れる。軌道上のp_1とp_2のあいだの位置はすべて飛びこしている。これはどう説明されるのだろうか。p_1から消えたのならば、ふたたび現れるのはp_1であるべきではないのか。消えているあいだ、すなわち存在していないあいだにp_1からp_2へと移動したというのは理解しがたい。存在しないものが、いかにして移動できるのかまったく不可解だからだ。

t_2でふたたび水星のことを考えはじめるとき、ケプラーの法則の知識があるあなたは、p_1でなくp_2に位置する惑星として水星のことを考えるとしよう。そうすれば、t_2で水星がなぜp_1ではなくp_2に現れるかの説明になるだろうか。いや、ならない。というのも、t_2における水星の位置をあなたがどう考えようとも、水星はt_2でp_2に位置するだろうからである。たとえあなたがt_2で水星のことをp_1に位置する惑星として考えたとしても、じっさいにt_2で水星はp_1でなくp_2に位置するだろうからである。水星のじっさいの位置は、それに関するあなたの意見によって決まるのではないのだ。観念論がそこだとする位置ではないのだ。

観念論にとって厄介なのは、この問題だけではない。いましがた水星のことを考えていたとき、わたしたちは太陽のことも一緒に考えていたわけではない。かりに、そのとき誰も太陽のことを考えていなかったとしよう。そうすると、観念論によれば、太陽は存在していなかった。わたしたちに考えられていた水星は存在していたので、その時点では太陽なしに水星があったということになる。だがそうすると、その水星の軌道上の運動が説明できなくなる。太陽の引力に訴えることができないので、ニュートン力学的説明がつかなくなり、よってケプラーの法則も基盤を失う。

この問題も先の問題もニュートン力学を仮定しており、水星の動きについてニュートン力学で説明できないならば説明できないという前提のもとにのみ成り立つ。ということは、ニュートン力学的説明でない別の説明がある、という立場をとれば観念論は擁護されることになる(アインシュタインの相対性理論による説明をもち出しても観念論が直面する問題の解決にはならない)。その立場に立って観念論を擁護するのは不可能ではないが、かなり極端なやり方だと言わざるをえない。なぜなら、それは観念論と物理学は整合的ではないという立場であり、惑星の動きというような典型的な物理的現象について物理学による説明を拒否し、観念論的な独特の説明を追求する立場だからである。また、そもそも、そのような独特の説明がどんな説明なのかまったくわからない。惑星の動きを司る観念論的法則なるものがあるのだろうか。あるなら、それはどんな法則なのか。ないなら、法則なしの説明がいかにして可能なのか。

5 超越的観念論

この窮地から観念論を救うにはどうすればいいのだろう。観念論を完全に放棄するしかないのだろうか。いや、前節で見た観念論を観念論のナイーヴな一つのバージョンにすぎないとみなし、ナイーヴでない種類の観念論でおきかえるという選択肢がある。ナイーヴでない種類の観念論には二つのタイプがあるが、それらを「Bタイプ」と「Kタイプ」と呼ぶことにしよう。そしてそれらをともに「超越的観念論」と呼ぼう(ふつうの哲学史では「超越的観念論」というラベルはKタイプだけに適用されBタイプには適用されないが、本書では意図的に「超越的」という言葉を、ふつうの哲学史的な意味とは別の意味で使うことにする)。

a Bタイプ超越的観念論

前節で見たナイーヴな観念論の問題点は、水星の位置や動きがあなたの思いどおりにはならないということから発していた。位置や動きだけではない。質量や磁場や化学物質の構成や地質学的構造など、水星のほぼすべての性質があなたの思いとは独立である。これは、もし水星が、あなたがそれについて考えているときかつそのときにのみ存在するという意味であなたの観念にすぎないならば、きわめて不可思議なことであるように思われる。Bタイプの超越的観念論によると、これはたんにそう思われるだけでなく、本当にきわめて不可思議なことであって理論的にうけ入れられないので、水星はあなたの観念にすぎないわけではないと言わねばならないのである。他方、Kタイプの超越的観念論は、これは別に不可思議でも何でもなく、ある重要な意味で水星はあなたの観念にすぎないと言えるのだ、と主張する。では、まずBタイプ超越的観念論を見ることにしよう。

あなたは水星という観念をもっている(「概念」と言ってもいいが「観念論」という言葉と折り合わせるために「観念」と言おう)。水星という観念をもつことによって、水星のことを考えることができているのである。これは、あきらかであろう。また、水星という惑星があなたの意のままにならないということもあきらかだ。ということは、観念論を放棄しないかぎり、水星という惑星は、あなたの観念ではあるがあなたの観念であるにとどまらない何かである(すなわち、あなたが水星のことを考えているときに存在するようなものだが、それ以外のときにも存在しうるようなものである)か、あるいは、あなたの観念であるにとどまる(すなわち、あなたが水星のことを考えているときかつそのときにのみ存在するようなものである)が、何らかの理由であなたのコントロール外にあるか、どちらかであると言わねばならない。Bタイプ超越的観念論は、第一選択肢をとる。すなわち、水星はあなたの観念であるとともにそれ以上の何かでもあると主張するのだ。では、それ以上の何かとはいったい何なのだろう。

自分がもつものが自分の意のままにならない、ということは日常茶飯事である。たとえば、自分がペットとしてもつ動物が言いなりにならないということはしょっちゅうある。ペットが猫ならば、とくにそうである。生物でない例もそこら中にある。自分が自分のものとして買ったプラモデルの船を、苦労して組み立てて池に浮かべたら即座に沈んだ、というのはよくある話だ(わたしの経験ではよくある話だ)。これは、ペットの動物やプラモデルの船は、わたしたちに所有されてはいるが、わたしたちの外にある存在者だからである。だが、わたしたちの観念はわたしたちの外にある存在者ではないので、このような例はBタイプ超越的観念論者の助けにはならない。

では、Bタイプ超越的観念論者はどうするのか。水星はあなたの内に存在する観念だが、それと同時に誰かほかの観念所有者の観念でもあり、その他者の意のままになっている、という立場をとるのだ。これは、水星が観念だという主張も、観念はその所有者である誰かによってコントロールされているという主張も保持する立場である。

ここで注意しなければならないのは、この立場によると、あなたは水星の観念の所有者でありかつその観念はあなたの内に存在するが、その観念の所有者が別にもう一人いるということである。そして、そのもう一人の所有者が、あなたの観念をコントロールしているということである。これは一見ばかばかしく聞こえる見解だが、Bタイプの超越的観念論の「超越」性をきちんと理解すれば、それほどばかばかしくは聞こえなくなる。あなたは観念の所有者で、あなたが所有する観念はあなたの内に存在するが、あなたはその観念をコントロールする立場にはない。なぜなら、あなたが所有しあなたの内にある観念は、あなた自身が生み出したものでも、物体である水星によって引きおこされたものでもなく、第三者からあたえられたものであり、その第三者がその観念をコントロールしているからである。そのような第三者の存在が、Ｂタイプ観念論をナイーヴな観念論ではなく超越的な観念論にしているのである。

いったんそのような第三者の存在を認めれば、その同じ第三者が、あなたやわたしやほかの人々の水星の観念の配達人でありコントロール者だと認めるのはむずかしくない。そしてそれを認めれば、水星があなたやわたしやそのほかの人々の意のままにならないということの説明がつくばかりか、ある意味であなたやわたしやそのほかの人々が共通に分かち合っている何かだということの説明も同時につく。

じっさいのところ、水星が観念ではない物体だと主張するナイーヴ・リアリストが水星について言えることの多くを、Ｂタイプ超越的観念論は言えてしまうのである。たとえば、水星が人間のコントロールの外にあると言えるということはすでに見たが、人間がいなくなっても水星はなくならないとか、太陽も人間の観念保持とは独立に存在し、太陽をめぐる水星の軌道はニュートン力学的説明がつくとかが、そのように言えることの例としてあげられる。ではＢタイプ超越的観念論は、ナイーヴ・リアリズムの利点をそなえつつ、懐疑論へと導くナイーヴ・リアリズムの欠点を回避しているのだろうか。それは第三者を導入するという理論的操作が、どれだけ擁護可能かによる。第三者の存在が、Ｂタイプ超越的観念論のかなめだということはあきらかだからだ。

ここで、いままで先延ばしにしていた問いかけをする必要が出てくるのである。あなたやわたしやそのほかの人々の諸々の観念の源になり、かつそれらの観念をコントロールしているという、この第三者とはいったいいかなる実体なのだろうか。人間でないことはたしかである。もちろん人間以外の動物でもない。植物やそのほかの生物、また鉱物などの無生物は論外だろう。万能にちかい何らかの観念主体でなければならないが、それを「Bタイプ観念主体」と呼ぶことにしよう(「Bタイプ超越的観念論」のBであると同時に「万能」のBでもある)。

Bタイプ観念主体が(本当にリアルに)存在して、わたしたちに諸々の観念をうえつけ、それらの観念をコントロールしているとすれば、ナイーヴ観念論の難点は克服できる。Bタイプ観念主体のリアリティーが観念論を救うのである。ならば、Bタイプ観念主体を擁するBタイプの超越的観念論は安泰だということになるのだろうか。いや、そうかんたんにはいかない。そもそもBタイプ観念主体の存在を信じる理由があるかどうかはっきりしないからだ。わたしたちは、水星や太陽などの観念をしっかり考察することによって、Bタイプ観念主体のリアリティーを信じる理由を見つけることができるだろうか。そのような観念の領域内に限って言えば、その領域の外にあってその領域内に観念をうえつけコントロールしているBタイプ観念主体のリアリティーについて、手がかりを得ることはむずかしい。つまり、観念論者にとってBタイプ観念主体のリアリティーを信じる理由があるとすれば、水星や太陽などの観念の領域内を探しても無駄だということだ。

b　最良の説明への推論

ならば、そのような観念の領域から出なければならない。水星や太陽のような観念のほかにあなたは「存在」、「リアリティー」、「議論」、「説明」、「理由」、「信じる」などといった、いわば抽象的な観念をもっている。そういった抽象観念の領域にはBタイプ観念主体のリアリティーを信じる理由が見つけられるだろうか。あえて言えば、Bタイプ観念主体のリアリティーを信じる哲学的な議論があるだろうか、ということである。これはむずかしい問題で、その答えは明瞭ではない。ただ、くわしい考慮にあたいする、おもしろい議論が一つある。それは次のような議論である。

わたしの観念は、わたしがもちわたしのなかにあるにもかかわらず、わたしの自由にはならない。これは説明が必要である。もしBタイプ観念主体のリアリティーを設定すれば、これの説明がつく。ゆえに、Bタイプ観念主体はリアルに存在する。

この議論は、一般に「最良の説明への推論」と呼ばれる議論の仕方の一例である。最良の説明への推論の例は、ほかにいくらでもある。たとえば、

台所の冷凍庫にあったバニラアイスがなくなっている。これは説明が必要である。もしあなたがそのバニラアイスを食べたとしたら、これの説明がつく。ゆえに、あなたがバニラアイスを食べた。

最良の説明への推論は、「あたえられた状況についての説明があって、その説明より優れた説明がないとしたら、その説明をうけ入れよ」という原理にもとづいている。諸々の状況について説明がほしいというわたしたちの原初的な知的欲求を否定しないかぎり、この原理は拒否できない。じっさい最良の説明への推論が当たり前に聞こえるのは、それが、わたしたちが日常無意識に自然におこなっていることだからにほかならない。

もちろん、日常無意識に自然におこなっているからといって、誤りがないということにはならない。もしあなたが台所の冷凍庫を開けられる唯一の人物でなかったら、右の推論はバニラアイスがなくなっていることの最良の説明ではなかったかもしれない。もし別の誰かが冷凍庫を開けることができたということが新たにあきらかになったとしたら、その別の誰かよりあなたを疑う何らかの理由が見つからないかぎり、その説明を無条件にうけ入れることはやめるべきである。当初は最良の説明だったとしても、後になって別のより良い説明がつくことがあるということだ。

太陽は毎朝東の空から上り、毎夕西の空に沈む。これは説明がいる。もし太陽が地球のまわりを回っているとしたら、これの説明がつく。ゆえに、太陽は地球のまわりを回っている。

この推論に使われている説明が最良の説明だったのは遠い過去のことであって、現在ではそうではない。地球が太陽のまわりを回っているから太陽が東から上がり西に沈むように見えるのだ、という説明のほうが優れているからだ。この後者の説明は前者の説明とちがって、天体に関するほかの諸々の説明と整合的なのでうけ入れやすいのである。

わたしの観念がわたしの自由にはならないということをＢタイプ観念主体のリアリティーを設定することによって説明する、Ｂタイプ超越的観念論者の議論が最良の説明への推論として成り立つためには、その説明より優れた説明の不在が必要条件である。ゆえに、より優れた説明を提示すればＢタイプ超越的観念論者の議論を論駁することができるわけだが、そのような説明を提示することはできるのである。わたしたちの観念の提供者でありわたしたちの観念をコントロールしている、ということ以外何もわからないＢタイプ観念主体というミステリアスな実体をかなめとする説明より優れた説明をするには、Ｂタイプ観念主体よりミステリアスでない何かにたよった説明をすればいい。そして、そのような説明が二つあるのだ。その一つがＫタイプの超越的観念論である。

c　Ｋタイプ超越的観念論

水星という惑星が何らかの意味でわたしたちの観念とは切っても切れない存在でありながら、わたしたちの意のままにはならないということを、Ｂタイプ観念主体を設定することなく説明しようというのがＫタイプ超越的観念論である。

Ｂタイプ超越的観念論者は水星である実体を観念そのものと同一視したが、Ｋタイプ超越的観念論者はそれをしない。にもかかわらず観念論を放棄するわけではない。それはいかにして可能かというと、Ｂタイプ超越的観念論者とはちがうかたちで「超越的」であることによってそれを成しとげるのである。あなたやわたしのような個々の観念所有者たちの（いわば）「上に君臨する」Ｂタイプ観念主体を設定するのではなく、個々の観念所有者がもつ観念とその観念が表示しているものを区別するのである。あなたがもつ水星の観念は、リアルに存在する何かをあなたに向かって表示しているのであり、その何かはあなたの意のままにはならない何かだ、と主張するのである。

しかし、そのリアルに存在する何かがあなたの観念そのものではなく、その観念が「表示する」という関係にある別の何かだというのならば、これはもう観念論とは言えないのではないだろうか。これはもっともな疑惑だが、この疑惑を晴らすのがKタイプ超越的観念論独特の「超越」性なのである。

あなたのなかでは、水星の観念はほかの観念と結びついている。たとえば、「惑星」、「内太陽系惑星」、「天体」、「時間・空間内の物体」、「太陽に最もちかい惑星」、「火星より小さい」、「あなたの顔より大きい」など諸々の観念である。これらの観念をすべて集めて一つに統合されたあなたの水星観念は、あなたの観念の枠組みの外にあるリアリティーのなかの何かをピックアップして、それをあなたに表示している。表示されているこの何かはあなたの意のままにならないので、あなたが「水星」と呼ぶ物体があなたの意のままにならないのはもっともなのである。

だが、もしこの何かが水星であるのならば、水星はあなたの観念の枠組みの外にあることになるので、もはや観念論は成り立たなくなるのではないのだろうか。そのとおりである。もしこの何かがそれ自体として水星ならば、この立場は観念論ではなくなる。しかし、この何かはそれ自体で水星ではないのである。あなたの観念の枠組みの外にあるものとして、それ自体としては、水星でもないし、惑星でもないし、太陽や火星やあなたの顔と「にちかい」とか「より小さい」とか「より大きい」とかいう関係にあるわけでもない。この何かを性格づけろと言われれば、あなたには、「内太陽系惑星」、「ほかのどの惑星より太陽にちかい」等々の性格づけをする以外になすすべはないが、そうすることはあなたの観念の枠組みのなかでほかの観念との関係にたよって位置づけることなので、観念の枠組みの外にあるものとしてのその何かをそれ自体として性格づける、すなわち、あなたの観念を使わないで性格づける、ということはあなたにはできない。

Kタイプの超越的観念論がどういう意味で観念論であり、どういう意味で超越的なのかをさらにはっきりさせるには、水星に関する典型的な文を例にとって、それが二つのことなる解釈にさらされうるということをはっきりさせるのが一番手っとり早いだろう。

（1）　水星は天体である

という文をあなたが発したとする。あなたの発言としてのこの文の内容は正しい（すなわち真）だろうか。それはこの文の内容をどう理解するかによる。「水星」という固有名詞と「天体」という普通名詞をどう理解するかによる。「水星」という固有名詞には指示対象があり、「天体」という普通名詞はものの種類をさす。その指示対象をm、ものの種類をHとしよう。（1）の内容は、mがHに属する場合かつその場合にのみ真であり、これは、mとHがどのようにして事実を構成し、（1）の内容がその事実にいかに相関しているかについての細部の話にかかわらず成り立つ。つまり、（1）の内容の真理条件は、次の文によって端的に言い表される。

(2) mはHに属する。

すなわち、(1)の内容は(2)の内容が真の場合かつその場合にのみ真だということになるので、(1)の内容の真偽の問題は(2)の内容の真偽の問題としてあつかうことができる。さてここで重要なのが、(2)の解釈が二通りあるということである(厳密には四通りあるが、三つ目と四つ目はいじわるな解釈なので真に受ける必要はない)。その二通りの解釈とは、次の二つである。

(3) 水星(という個体)としてのmは、天体(という種類)としてのHに属する。
(4) それ自体以外の何ものでもないものとしてのmは、それ自体以外の何ものでもないものとしてのHに属する。

(ちなみにいじわるな解釈とは、「水星としてのmは、それ自体以外の何ものでもないものとしてのHに属する」と「それ自体以外の何ものでもないものとしてのmは、天体としてのHに属する」である。)

(3)として解釈されれば(2)の内容は真だが、(4)として解釈されれば真ではない。「水星」と「天体」という二つの観念はあなたの観念の枠組み内の観念であるが、その枠組み内では、前者の観念が表示するものは後者の観念が表示する種類に属するという関係にある二つの観念なので、

(3)として解釈されれば(2)の内容は真なのである。あなたの観念の枠組みのありようがそうさせるのである。他方、それ自体以外の何ものでもないものとしてのmとは、あなたの観念やわたしの観念といった人間の観念の枠組みとは独立にあり、観念によって表示される以前の何かとしてのmなので、それが何らかの種類に属するか否かということは、あなたの観念の枠組みにもほかの誰かの観念の枠組みにも左右されない。と同時に、それ自体以外の何ものでもないものとしてのHも観念によって表示される以前の何かなので、誰の観念の枠組みにも左右されない。ゆえに、(4)として解釈された(2)の内容が真だという根拠は、あなたにもわたしにもほかの誰にもない。偽だという根拠も同様にない。つまり、(4)として解釈された(2)の内容は、わたしたちにはその真偽が決定不可能なのである。

それだけではない。それ自体以外の何ものでもないものとしてのmやHは、わたしたちの理解をこえる。何かを理解するためには、それを観念の枠組み内で何らかのかたちで表示する必要があるので、そもそも観念の枠組み外にあるものをそのまま(観念による表示なしに)理解することは、非常に強い意味で原理的に不可能なのである。この非常に強い意味で、mは原理的にわたしたちのコントロール外にあるのである。では、mはわたしたち以外の何かによってコントロールされているのだろうか。それとも何によってもコントロールされないのだろうか。その答えへの扉も、非常に強い意味でわたしたちには原理的に閉ざされている。

ここで、あるパラドックスに気づく読者がいるかもしれない。それは、mについて、わたしたちはすでに何らかの観念を介して語ってきているということである。それ自体以外の何ものでもないものとしてのmについて語るときも、「それ自体以外の何ものでもないもの」という観念に表示されるものとしてmを語っているのである。もっと言えば、「観念の枠組みの外にあるもの」という観念(メタ観念)のもとでのmを語っているのである。

「メタ観念は観念ではない」という反論は、ここでは無益な反論である。なぜなら、メタ観念が観念であろうがなかろうが、わたしたちのメタ観念に表示されているものとして語られているかぎり、わたしたちとは独立の何かとして語られているのではないからだ。

もう少し望みのありそうな反論は、「いったんメタ観念を導入すれば、メタメタ観念、メタメタメタ観念、等々、限りないレベルを擁する観念のヒエラルキーをうけ入れなければならなくなる」という反論であろう。だが、そのような潜在的に無限なヒエラルキーをうけ入れることの、どこがいけないのだろうか。0、1、2、3、…という自然数の列も潜在的に無限だが、わたしたちはうけ入れているし、それによって何の不都合もおこらないどころか、そうしなかったら自然数論のこの基本的な出発点に依存するあらゆる人間の営みが崩れ去る(自然数の列は潜在的どころか、じっさいに無限だという意見もあるくらいだ)。

第2節と第3節では、確証、メタ確証、メタメタ確証、…と無限につづく確証の系列が問題になるということを見たが、観念のヒエラルキーはどうして同じように問題にならないのだろう。確証に関する無限列では、「確証を信頼するためにはメタ確証がいるが、メタ確証を信頼するためにはメタメタ確証がいるのであり、かつメタメタ確証を信頼するためにはメタメタメタ確証がいるが、そのためには…」という具合に、系列内のある特定のアイテムはその次にくるアイテムに依存するので、系列の無限性が問題になるのである。しかし観念のヒエラルキーでは逆に、観念があってはじめてメタ観念があり、メタ観念があってはじめてメタメタ観念がありうるという具合に、ヒエラルキーの特定のアイテムはその次ではなくその前にくるアイテムに依存しているので、無限につづいても問題はない（自然数の列でも同様に、0をのぞく各々の数はその直前の数につづく数――後者数――として定義される）。

このパラドックスを回避するためには、それ自体以外の何ものでもないものとしてのmについて語ることを一切やめるほかなさそうである。「それ自体以外の何ものでもない」という述語を適用することをやめるのである。「それ自体以外の何ものでもないものとしてのmは、それ自体以外の何ものでもない」という文を肯定することとさえ控えるのである（もちろん否定することも控える）。

こういう考えに従うならば、Kタイプの超越的観念論は、Bタイプの超越的観念論のように、あるいはそれよりさらに、ミステリアスな要素をふくんでいると言わなければならない。Bタイプ観念主体というミステリアスなものを避けるための一案としてKタイプを考慮したわけだが、BタイプだろうがKタイプだろうが結局、超越的観念論はミステリアスだということなのかもしれない。ならば、やはりナイーヴ観念論が一番いいのだろうか。いや、そう結論するのは時期尚早である。Bタイプ観念主体を避けるアイデアは二つあり、Kタイプ超越的観念論はその一つにすぎないということを忘れてはならない。もう一つのアイデアを検討するときがきた。

6　ナイーヴ・リアリズムふたたび

そのアイデアとは、なんとナイーヴ・リアリズムなのである。第1節で紹介され、第3節でおきざりにされたナイーヴ・リアリズムが、ここにきてその真価を発揮するかもしれない。そういう期待がもてそうだというわけである。水星があなたの観念だという観念論のかなめになる主張を放棄して、水星はいかなる観念や観念主体からも独立に存在しわたしたちの観念の原因になっている、と主張すれば、水星がわたしたちの意のままにならないのは当然のこととして説明がつく。わたしたちに依存することなく宇宙に自然に存在する水星は、わたしたちに依存することなく自然に形作られ動きまわる物体であり、わたしたちが作る人工物(望遠鏡など)を通じてわたしたちの知覚経験を生み出し、その結果わたしたちは水星について考えるにいたるというわけである。

しかし、ナイーヴ・リアリズムを離れることになった、そもそもの理由はどうなるのか。水星がわたしたちの観念だという主張が魅力的だったのは、ナイーヴ・リアリズムが生み出す確証についての問題が懐疑論へと導いたからにほかならない。ナイーヴ・リアリズムをうけ入れるということは懐疑論をうけ入れるということになってしまうのでナイーヴ・リアリズムをうけ入れることはできない、という反論にナイーヴ・リアリストは屈したはずではなかったのか。

じつは、そうではなかったのだ。この反論は次の二つの主張にもとづいており、その二つの主張のうちどちらかを否定すれば、ナイーヴ・リアリズムを擁護することができるのである。

（5）ナイーヴ・リアリズムは懐疑論へと導く。
（6）懐疑論はうけ入れがたい。

a　確証と懐疑論

まず気づくべきなのは、いったん懐疑論をうけ入れれば、何らかのかたちで何らかの観念論へとたどりつくのは避けがたいということである。観念論が擁するミステリアスな要素は避けるべきなので、（6）を否定するという選択肢はなくなる（「ミステリアスで何が悪い」と言いたくなる読者は、すべての学問の出発点はミステリアスなものをミステリアスでなくしようとする欲求である、ということに気づいてほしい）。ナイーヴ・リアリズムを反論から守るには、（6）でなく（5）を否定する可能性を検討するのがいい。もしナイーヴ・リアリズムが言うように、銀河系や惑星や火山や水素原子といった諸々の物体がわたしたちから独立に存在していて、それらの物体についてわたしたちは知覚によってのみ情報を得ることができるのだとすれば、わたしたちはそれらの物体の性質や相互関係についてのみならず、それらの物体の存在についてさえ、それを百パーセント保証する確証を得ることはできない。これは、知覚関係は因果関係の一種であり、因果関係においては百パーセントの保証はいかなるかたちでもありえないということから言えるので、かなり説得力がある。では、ここから懐疑論は厳密にはどういう具合に導き出されるというのだろうか。

水星が存在するかどうかについて懐疑的であるべきだという主張は、水星が存在するかどうかを確証することができないという主張にもとづいている。そして、この確証不可能性の主張は、「確証、メタ確証、メタメタ確証、…」という無限列に気づくことによって、もっともな主張だと判断されるということになっている。確証を得るためにはメタ確証が必要だが、メタ確証を得るためにはメタメタ確証が必要であり、メタメタ確証を得るにはメタメタメタ確証が必要である、…。この列は無限につづく、つまり確証を得るために必要なものは無限に多く、無限に遠いところまでさかのぼるので、有限な生き物であるわたしたちの手にはとどかない。つまり、ナイーヴ・リアリズムを仮定したうえでの知識の所持に反対する懐疑論者の論点は、次の二点なのである。

(7) ナイーヴ・リアリズムのもとでは、水星が存在するかどうかの確証ができない。
(8) 水星が存在するかどうかの確証ができなければ、水星の存在について懐疑的であるべきである。

ナイーヴ・リアリズムから懐疑論への道は、確証不可能性を通っている。(7)と(8)がともに真ならば、ナイーヴ・リアリストは懐疑論を避けえない。だが(7)か(8)のどちらかあるいは両方が真でないことを何らかのかたちで示せれば、(5)を否定することは可能である。それを示そうという議論を見てみよう。その議論とは、「水星は存在するということ」をQとすれば、Qを確証するためには、Qの百パーセントの保証をあたえることが必要であるか必要でないかどちらかであるが、この二択の仮定にもとづいて(5)を否定する次のような議論である。

(9) もし、Qを確証するのにQの百パーセントの保証をあたえることが必要ならば、(8)は偽である。

(10) もし、Qを確証するのにQの百パーセントの保証をあたえることが必要でないならば、(7)は偽である。

ゆえに、

(11) (7)と(8)は同時に真ではありえない。

まず、(10)の擁護はむずかしくないということを、手っ取り早く見よう。Qの確証が、Qの百パーセントの保証を要求しないとすれば、Qがわたしたちから独立に成り立ったり成り立たなかったりするとしても、Qの確証を不可能だとする基盤がなくなる。よって(7)は偽である。(10)とちがって、(9)の検討は手っ取り早くはできない。かなり込み入った議論になるので、慎重に話をすすめることにしよう。

知覚はつねに誤りの可能性をゼロでない確率でふくんでいるので、もし百パーセントの保証なしの確証はありえないとしたら、知覚によって確証をもとめても無駄である。水星が存在するかどうかの確証は知覚にたよらざるをえない。よって、ナイーヴ・リアリズムのもとでは水星が存在するかどうかの確証はできない。つまり(7)は真である。だが(8)はどうだろう。まず、水星の存在について懐疑的であるとは、どういうことなのだろうか。

そもそも、懐疑論とはいったいどういう理論的立場なのだろうか。「懐疑」と意味を反対にする語といえば、それは「知識」だろう。もし誰かが「Qをわたしは知っているが、Qにわたしは懐疑的である」と言ったとしたら、あなたはその主張全体をどうとっていいのか途方にくれるにちがいない。Qについて懐疑的であるべきだと主張する論者は、Qを知っているという主張を否定すべきだろう。一般に、わたしたちは懐疑的であるべきだとする懐疑論は、わたしたちの知識を否定する立場だと見ていいだろう。

つまり、水星の存在について懐疑的であるということは、水星が存在するということを知っているとは言えないと主張するということである(これは水星が存在しないということを知っている、と主張することではないということに注意しよう——疑うことと否定することは同じではない)。ということは、目下のところ百パーセントの保証なしの確証はありえないという仮定のもとで論証しているので、(8)が主張しているのは次のことだということになる。

(12) 水星が存在するという百パーセントの保証がなければ、「水星が存在するということを知っている」とは言えない。

(12)の真偽を論じるさいに忘れてはならない言葉の意味に関する重要な一般原理が一つあるのだが、その一般原理を否定することは非常にむずかしい。言葉の意味に関してのミスティシズムに陥ることになるからだ。その一般原理とは、これである。

(13)　自然言語で日常的に使われている言葉の意味は、その言語社会での日常的使用によって決定される。もしそのような言葉について、その言語社会での日常的使用によって決定されない意味の側面があれば、その言葉の意味のその側面については何とも言えない。

哲学には、ほかの学問と同じように専門用語というものがある。哲学をするという目的のために特別に作られたテクニカル・タームである。たとえば「アプリオリな」という形容詞は「その正当化が経験に先立つような」という意味の認識論の専門用語であり、「分離規則」という名詞は「「A」と「もしAならばB」から「B」を推論してよい」という演繹論理の推論規則をさす専門用語である。ある特定の学問の専門用語の意味は、その学問の専門家に聞かなくてはわからない。それが、専門用語の専門用語たるところである。しかし何ら特定の学問の専門用語でもなく、日常ごくふつうに使われている言葉の意味はそうではない。特定の専門分野に限られていない、一般的言語社会で日常的に使われている言葉は、その言語社会でその言語を使用するすべての(あるいは大多数の)人々がその言葉をどう使っているかによって決まる、ということには疑いの余地がない。その決定のメカニズムの細部をあきらかにするのはかんたんではないが、そのような何らかのメカニズムがあるはずだということにまちがいはない。言葉にはある程度確固とした意味があるということを疑わないかぎり、これを疑うことはできない(言葉にはいかなる程度にも確固とした意味などないと思う読者は、本書を読むという行為によって自分がいま何をしているのか考えてほしい)。

「知っている」という言葉は専門用語ではない。日常ふつうにみんなが使っている言葉である。よって一般原理(13)があてはまる。すなわち、日本語が通用する言語社会での日常的使用によって、その意味が決まるような言葉だということだ。では、日常わたしたちはこの言葉をどのように使っているだろうか。典型的な使用例を考えてみよう。

あなたがTシャツを裏表に着ているのに気づいたわたしが、「Tシャツが裏表だよ」と指摘したとする。それに対してあなたが、「知っているよ」と言ったとする。さらにわたしが「どうして知っている?」と聞くと、あなたは「縫い目が表に見えているから」と答えたとする。このような状況で、自分が着ているTシャツが裏表だということをあなたが本当に知っているかどうかを疑うのは尋常ではない。縫い目が表に出ているように見えるがそれは錯覚であって本当は出ていないのだとか、そもそも縫い目などないのだとか、さらに極端に、あなたは本当はTシャツなど着ていないのにもかかわらず裸の王様のように自己欺瞞的に着ていると思っているにすぎないのだ、とか主張することは尋常ではない。日常のふつうの状況下でふつうの視力がある人に、ふつうに縫い目が表に出ているように見えるならば、縫い目が表に出ているのだという知識を得る十分な基盤がその人にはある(もし故意に縫い目を外に見せるデザインのTシャツだったとしたら、縫い目が外に見えているので自分はそのTシャツを裏表に着ているわけではない、とあなたは言うだろうか。それとも、裏表に着ることを意図されたデザインのTシャツをその意図どおり裏表に着ていると言うだろうか。この問いの答え如何で、この段落での哲学的なポイントが大きく左右されるだろうか。いや左右されない)。

この例では、あなたは、自分が着ているTシャツが裏表だということ以外にも、縫い目が表に出ているように着ているとか、そもそも何かを着ているということなど、いろいろなことを知っていると言える。そしてそう言える根拠は、あなたの知覚が正常な状況下で正常に機能していると言えるからである。そうではないと主張するのは、「知っている」という日常的な言葉の日常的な用法を拒否することであり、それゆえ一般原理(13)により、その言葉の意味の決定要因を拒否すること、すなわち、その言葉に意味を認めないことになるのである。

日常的に使われる日本語としての「知っている」という言葉は、いまわたしたちが想像したような日常的なふつうの状況下で文の述語としてふつうに使われて、内容が真である文を作ることができる。日常的なふつうの状況下では、百パーセントの保証つきの確証など得られない。ということは、「誰々はこれこれだということを知っている」というかたちの文の内容は、これこれだということについて百パーセントの保証なしでも真でありうる、つまり、わたしたちの知識は百パーセントの保証を要求しない、ということなのである。したがって(12)すなわち(8)は偽である。

b　因果関係と相関

あなたはTシャツを着ており、そのTシャツは裏表だということは事実であり、その事実をわたしは知っている。水星は存在し惑星であるということは事実で、その事実をわたしたちは知っている。Tシャツについても水星についても、わたしたちは正しいのである。もっと厳密に言うと、T

シャツと水星についてわたしたちがうけ入れる文の内容が正しいのである。ナイーヴ・リアリズムによると、Tシャツや水星は、あなたやわたしという主体の観念や思惑とも独立の、いわば客観的リアリティー内に存在する個体であって、それぞれさまざまな性質をもっており、かつ互いにさまざまな相互関係にあると同時に、同じ客観的リアリティー内の個体であるあなたやわたしの知覚の対象にもなりうる。知覚は、リアリティー内の個体を結ぶ関係にほかならないからである。

そして知覚は、経験による知識の基盤をあたえる。百パーセント信頼できるわけではない知覚だが、つねにまちがっているわけでもない。まちがっていないときは、ちゃんと知識をあたえてくれる。百パーセントの保証はしないが知識をあたえてはくれる、というのが知覚の本質だと言ってもいい。まだら模様であってほしいといくらあなたが思っても、無地のTシャツは（ふつうの状況下では）あなたのなかにまだら模様の視覚イメージを生むことはない。Tシャツのありようとそれに関するあなたの視覚経験のあいだには因果関係が成り立つが、この因果関係がナイーヴ・リアリズムの擁護に二つの点で決定的に重要なのである。

その一つは、「事実に相関する」という意味で文の内容の正しさを理解したときの「相関する」とはどういうことかについて光を投げかけてくれる、ということである。あなたがTシャツを知覚するとき、あなたの知覚経験の内容はTシャツのありようによって決定されるが、その決定はほかでもない因果関係に仲介されているのである。Tシャツがどのように見えるかは、Tシャツがどのようであるかを原因とする結果である。縫い目が表に出ているというTシャツに関する事実は、ふつうの状況下では、そのTシャツを知覚しているふつうの知覚者にふつうの知覚経験を引きおこす。

ここで言うふつうの知覚経験とは、さまざまな種類の知覚経験をふくむ。たとえば、Tシャツを真上から見たときの視覚経験、真横から見たときの視覚経験、着用しながら見下ろしているときの視覚経験、着用しているときの触覚経験など、そのバラエティーには限りがない。

Tシャツに関する事実は、これらのバラエティーの知覚経験のうちいくつかをじっさいに引きおこすだろうが、すべてを引きおこすことはない。これらのバラエティーのほとんどは、引きおこされうるがじっさいには引きおこされずに終わる知覚経験である。「潜在的知覚経験」と呼んでもいいかもしれない。Tシャツに関する潜在的知覚経験のうち、縫い目が表に出ているという事実によってじっさいに引きおこされる知覚経験にもとづいて、「Tシャツの縫い目は表か裏か」という問いに答えることができるのである。

すべての文の内容が、(潜在的知覚経験もふくめた)何らかの知覚経験の内容だというわけではない。電子やニュートリーノなどの素粒子は、いかなる精密機器を使っても見ることはできない(もちろん、触ることも、聞くことも、嗅ぐことも、味見することもできない)。にもかかわらず、「電子はマイナスの電荷をもつ」など、素粒子について真なる内容をもつ文はある。そのような文の内容の真理を事実との相関として分析するためには、文の内容を知覚経験一般から離れて、すなわちじっさいの知覚経験のみならず潜在的知覚経験からも離れて、理解する必要があると言わねばならないのではないか。

いや、それは言いすぎである。たしかに電子は肉眼でも機器を使っても知覚することはできないが、電子はマイナスの電荷をもつという事実が引きおこすいろいろな現象を、知覚経験によって観察することはできる。そうでなかったら、そもそも電子がマイナスの電荷をもつという発見はなかっただろう。ならば、「電子はマイナスの電荷をもつ」という文の内容は、電子がマイナスの電荷をもつという事実が引きおこすそういう現象(じっさいに引きおこす現象、そしてそれに加えてじっさいには引きおこさないが引きおこしうる潜在的現象)の知覚経験(じっさいの知覚経験と潜在的知覚経験)すべてに共通する内容である、と言えばいいように思われる。

このようにして、事実と文の内容の相関関係は、前章よりある程度よく理解できるようになった。もちろん、すべてが明確化されたわけではない。たとえば、無数の知覚経験に共通する内容について語ることに意味があるのか、もしあるならそれは何か、という問いかけは考慮されていない。このような不完全性は残されるが、それは仕方がないこととして、次の項にすすむことにしよう。

c　因果関係と最良の説明

Tシャツや天体は、わたしの知覚経験のなかで安定性と規則性をもつ。わたしが知覚しているときTシャツや天体は、突然その形や色や位置を変えたりしない。わたしが見ているとき、いったん目をそらしてすぐにまた目を向ければ、おおかた同じように見える。このような安定性と規則性はどのように説明されるのだろうか。

同様の安定性と規則性はあなたの知覚経験についても言えることである。そして、わたしの知覚経験とあなたの知覚経験はたいへんうまく嚙み合っている。さらに、わたしたち二人だけでなく、そのほか大勢の人々の知覚経験も、同じように安定性と規則性に満ちており、かつ互いにうまく嚙み合っている。だからこそ、最低限にスムーズな社会的行動・協力が可能になる。このような「嚙み合い」はどのように説明されるのだろうか。

観念論者は、Bタイプ観念主体やそれ自体何ものでもないものとしてのmなどといったミステリアスな実体を導入することによって安定性、規則性、「嚙み合い」を説明せざるをえないが、ナイーヴ・リアリストはミステリアスな実体なしで、きわめて自然な説明ができる。いかなる知覚主体とも独立な、それ自身が安定性と規則性をもつ存在としてのTシャツや天体は、各々の知覚者のなかに安定した規則的な知覚経験を引きおこすことができ、かつ多くの知覚者との因果的関係は共通しているので、それらの知覚者の知覚経験が「嚙み合う」のはもっともなことなのである。

だがここで、次のような反論があるかもしれない。

Bタイプ観念主体やそれ自体何ものでもないものとしてのmといった実体はたしかにミステリアスであり、それらにたよる超越的観念論者の説明は最良の説明ではないかもしれない。しかし、ナイーヴ・リアリストの説明がそうした説明より良い説明だということにはならない。じつのところ、ナイーヴ・リアリストの説明は超越的観念論者の説明と同程度にミステリアスである。なぜなら因果関係にたよっているからだ。因果関係がいかなる関係かと問われたら、ナイーヴ・リアリストはどう答えるだろうか。ミステリアスでない答えはありそうにない。

この反論によると、ナイーヴ・リアリストの説明の中心的要素である因果関係は、Bタイプ観念主体やそれ自体何ものでもないものとしてのmと同じくらいミステリアスである。ナイーヴ・リアリストの説明が因果関係を中心的要素としてふくんでいる、ということには否定の余地がない。だが、因果関係がBタイプ観念主体やそれ自体何ものでもないものとしてのmと同じくらいミステリアスだ、ということは否定できる。よって、ナイーヴ・リアリストはこの反論に屈する必要はない。因果関係について次の二つの重要な論点を押さえればいいのである。

因果関係についてまず最初に言えるのは、それはごく当たり前の日常的な関係だということである。わたしたちは、自分の意志が自分の身体の動作を引きおこすということに慣れきっている。朝目覚めて、おきようという意志を働かせると身体がベッドから離れる。「おきよう」という意志の働きが原因となって、「身体がベッドから離れる」という事態を結果としてもたらす。これはごく当たり前のことであって、それが因果関係の一例だということを、わたしたちはほとんど自動的にうけ入れている。

これを疑う人は、おきようとしているのにおきられないという事態を想像してほしい。おきようという意志があり、その意志を行使しているにもかかわらずおきられないということは、その意志に対抗する何らかの要素が存在し、身体がベッドから離れることを阻止しているのだ、と自然に思うだろう。そう思うのはもっともであって、その対抗要素が(神経系の異常事態といった)内的な要素だろうが(身体がベッドに縛りつけられているといった)外的な要素だろうが、「対抗」するというのは因果的に対抗することだ、という思いがその核をなしている。意志は身体がベッドから離れるという事態を引きおこそうとしているが、同時に別の要素が身体がベッドから離れないままでいるという事態を引きおこそうとしていて、後者が前者にまさるので、身体はベッドから離れないまでいるという事態が結果としておきているのである。自分の意志を自分の身体の動きの原因としてとらえるということは、わたしたちにとって因果関係の最も直接的な認識の一つである。

同じように直接的だが、心的現象が原因ではなく結果であるような例もたくさんある。たとえば、野天風呂から上がりしなに突風にあたると涼しいと感じる。突風が原因で涼しいという感覚が結果だ、ということは誰も疑いはしない。

それほど直接的でない認識もまた、日常ごくふつうにしょっちゅうおきている。風に吹かれて枯葉が木の枝から落ちる。豪雨が降って土砂崩れがおきる。真夏の太陽光がふりそそぐもとでアスファルトが溶ける。荒い波が繰り返しあたることによって岩礁が小さくなる、等々。こういった例では、人間はおろかいかなる生物もかかわっていないので、心的現象は原因でも結果でもない。にもかかわらず、風、豪雨、太陽光、荒波が原因で、枯葉の落下、土砂崩れ、アスファルトの溶解、岩礁の縮小が結果だということは、ごく当たり前にふつうに認識されている。

心的現象がかかわる直接的な場合でも、そうでない間接的な場合でも、因果関係をわたしたちはミステリアスだとは思わない。厳密に因果関係を分析せよ、すなわち任意のｘとｙについて、ｘがｙを引きおこすというための必要十分条件を正確に述べよ、と言われたらどう答えていいかわからないかもしれないが、それは因果関係がＢタイプ観念主体やそれ自体何ものでもないものとしてのｍと同じくらいミステリアスだからではなくて、厳密な概念分析はいかなる領域においても容易ではないからである。

因果関係についてのもう一つの重要な論点は、世の中で成り立っている非常に多くの関係が因果関係を内蔵しているということである。たとえば、地球は太陽の衛星であるが、この「…は…の衛星である」という二項関係は、二項のあいだにある特定の因果関係が成り立っているということにほかならない。第二項(太陽)の引力が原因で、第一項(地球)がそのまわりを回るという結果が生じているということである。何々が何々の衛星であるという事態は、その両者の何々のあいだに因果関係が成り立つことなくしては不可能なのである。

もう一つ例をあげれば、ヨハン・セバスチャン・バッハがカール・フィリップ・エマヌエル・バッハの父親であるということは、ヨハン・セバスチャンの生殖細胞のある種の活動が直接の原因で、カール・フィリップ・エマヌエルの懐妊そして誕生が結果としてもたらされたということである。生物学的な意味での「…は…の父親である」という二項関係は、二項のあいだにそういう特定の生物学的な因果関係が成り立っているということにほかならないのである。

d　事実との相関

前章と本章では、文の内容が正しいということは事実に照らし合わせて真だということだ、というアイデアをくわしく考察した。そうする過程で、事実と「同型」という提案を放棄し、代わりに事実と「相関」するという提案をうけ入れた。そしてその相関という関係を因果関係によって基礎づけ、形而上学・認識論におけるナイーヴ・リアリズムという枠組み内に組み込んで理解した。

テストの答えを典型例とする、わたしたちの思惑とは独立に成立したりしなかったりする事実にかんがみた正しさについて検討したわけだが、次の章では、同じ事実でもわたしたちの思惑なしには成立しえない事実についての正しさについて考えてみることにしよう。

第3章

アンパイアの正しさ

野球のゲームで、ピッチャーがバッターに投げた球がストライクかボールかを判断することは誰にもできる。特定の投球を、その試合をテレビで観戦中のあなたがボールだと判断し、キャッチャーの背後に位置するアンパイア(球審)がストライクと正式に判断したとする。その場合、あなたの判断とアンパイアの判断のあいだには、正しさに関して優劣がついているということはあきらかであろう。両者の判断がことなるならば、あなたの判断がまちがいで、アンパイアの判断が正しいと言われるにちがいない。アンパイアの判断とちがっているという理由だけで、正しくないのである。テストの答えの正しさとはちがう意味での「正しさ」が問題になっているのである。

1　規範的正しさ

投球に関するあなたの判断は、アンパイアの判断と同じなら正しく、ちがうなら正しくない。つまり、アンパイアの判断が正しさの基準になる。アンパイアの判断が絶対的権威をもつ。ということは、投球がストライクか否かはアンパイアの意のままになり、アンパイアが勝手に決めることだ、ということになるのだろうか。もちろん、そんなことにはならない。アンパイアの判断は、それに合致する判断はすべて正しく、それに反する判断はすべてまちがっているという意味で究極の判断であるにもかかわらず、アンパイア自身は、自分自身のなかでの内的な考慮によって勝手に判断するのではなく、ルールブックで定義されたストライクゾーンを投球が通過したかどうかなどという、自分がコントロールできない外的なことがらに注意を向けて判断するのである。

惑星の大小関係についてのテストの答えの正しさは、答えと事実という二つの要素のあいだの関係としてとらえることができたが、野球の試合中の投球がストライクかどうかについての判断の正しさには、たんに判断と事実のあいだの関係として片づけるわけにはいかない複雑さがある。それは、投球がストライクかどうかということは、たんにある事実が存在するかどうかということにかかわるだけではなく、野球の試合をするという行為に本質的にかかわることだからである。行為があるところには必ず何らかの規範性があり、ストライクに関する判断の正しさの複雑性は、野球をするという行為に付随する規範性に源を発するのである。

野球は二つのチームのあいだで競われ、その二つのチームの合意にもとづいてはじめて可能になるゲームである。チーム構成や勝敗の定義など多くのことがその合意の対象だが、ストライクに関しても揺ぎない合意がもとめられる。それは、たんにストライクとは何かという定義の問題だけではない。たとえストライクとは何かの定義について完全なる合意があったとしても、試合中にピッチャーが投げた個々の投球がその定義を満たしているかどうかをいかに判断するかについての合意がなければ、試合の進行はとどこおるだろう。もし「これこれの条件が満たされた場合、かつその場合にのみ、投球はストライクだ」という合意があったとしても、その条件がじっさいに満たされたかどうかを確認する手立てに関しての合意がなければ、投球がストライクかどうかについての判断の正しさが論争の的になってしまい、対戦する二つのチーム両方が納得するかたちで試合をおこなうことが実質的に不可能になるからである。リアルタイムでのスムーズな試合はこびは、ゲームとして、娯楽としての野球にとって不可欠なので、「ストライクとは何か」という問いに答えるにあたって純粋に概念を定義するだけで終わってしまったのでは、机上の定義としてはともかく、野球場でじっさいにゲームの進行を可能にする助けにはならない。プレイの潤滑な進行をうながすような定義が必要なのである。対戦する二つのチームの合意にもとづいて両チームを同時に拘束するやり方で、ストライクかどうかの判断を確定させるような定義がいるのである。これがストライクの判断の規範性の源にほかならない。

a　ストライクの定義

まず、ストライクとは何か。日本野球規則委員会から発表された公認野球規則によると、ストライクはこのように定義されている。

次のピッチャーの正規な投球で審判員によってストライクと宣告されたものをいう。
(a) バッターが打った(バントの場合もふくむ)が、投球がバットにあたらなかったもの。
(b) バッターが打たなかった投球のうちボールの一部分がストライクゾーンのどの部分でもインフライトの状態で通過したもの。
(c) ノーストライクまたは1ストライクのとき、バッターがファウルしたもの。
(d) バントして、ファウルボールとなったもの。
(e) バッターが打った(バントした場合もふくむ)が投球がバットに触れないでバッターの身体またはユニフォームに触れたもの。
(f) バウンドしない投球がストライクゾーンでバッターに触れたもの。
(g) ファウルチップになったもの。

この定義が意味をなすためには、ストライクゾーン、ファウル、バント、ファウルチップなどが前もって定義されていなければならないが、それらの定義が公式野球規則にふくまれているということは言うまでもない。

また、(c)で「ストライク」という語が使われているが、ストライクの定義のなかに「ストライク」という語が出てくるというのはおかしいのではないか——それは循環的定義になってしまうのではないか——と危惧する読者がいるかもしれない。たしかに、ある概念を定義するために当の概念そのものを仮定しなければならないとしたら、そのような定義は悪循環的であり、定義の役割を果たしているとは言えない。たとえば、「収束するとは、実数の数列が収束することである」というのは収束の定義としてはうけ入れられない。収束とは実数の数列にかかわる何事かだということはわかるが、それ以上のことはわからない。定義のなかに「収束」という語そのものが出てきて悪循環を引きおこしているためだ。(a)~(g)によるストライクの定義も同じように悪循環的なのだろうか。いや、そうではないのである。

「ストライク」という語が定義のなかに出てくる、というだけでは悪循環だということにはならない。なぜなら、その定義は「ストライク」という語を避けるようなかたちに再定式化できるからである。(c)の代わりに(c*)「バッターがファウルしたもの。ただし(a)、(b)、(d)~(g)を満たす投球とファウルが合計二つある場合をのぞく」とすればいい。(c*)には「ストライク」という語は使われていないので、循環の恐れはない。また、(c*)は(c)と同値のことを言っているので、定義の内容は変わっていない。

では、この公認野球規則によるストライクの定義は、端的明快だと言っていいだろうか。いや、正しいということについて哲学的考察をしようというわたしたちには、じつは重要な問題を投げかけているのである。それは「次のピッチャーの正規な投球で審判員によってストライクと宣告されたものをいう」という、最初の文の存在にほかならない。この文は（c）と同様、ストライクの定義中の文でありながら「ストライク」という語をふくんでいる。このこと自体、定義の悪循環の問題を引きおこしそうに思われるが、それにもまして「審判員によってストライクと宣告されたもの」という句そのものが重要な問題を提起するのである。

まず、悪循環はおこらないということを確認しよう。投球をアンパイアがストライクと宣告したかどうかは、「ストライク」という語が何を意味するか知らなくても容易に判断できる。投球の直後に、アンパイアが手を上げて「ストライク！」と発語すればストライクと宣告したのであり、そうでなければストライクと宣告してはいないのである（手を上げずに別の動きをすることもあるかもしれないが、どういう動きがストライク宣言の動きかは容易に識別可能である）。

b　アンパイアの役割

「次のピッチャーの正規な投球で審判員によってストライクと宣告されたものをいう」という最初の文が提起する重要な問題とは、アンパイア（審判員）の宣告と（a）〜（g）の条件の満足という二つのことなる定義があたえられているように思われるということである。アンパイアがストライクと宣告すれば投球はストライクなのだろうか。（a）〜（g）の条件のどれかを満たせば投球はストライクなのだろうか。それとも、アンパイアがストライクと宣告し、かつ（a）〜（g）の条件のどれかを満たしていなければならないのだろうか。つまり、投球がストライクか否かに関するアンパイアの宣告と(a)～(g)のあいだの相互関係はいったい何なのか、という問題である。

日本の公認野球規則は、アメリカのメジャーリーグ野球の公式な規則に準ずるかたちで定められているので、後者を原語で見てみよう。

A STRIKE is a legal pitch when so called by the umpire, which –
(a) Is struck at by the batter and is missed;
(b) Is not struck at, if any part of the ball passes through any part of the strike zone;
(c) Is fouled by the batter when he has less than two strikes;
(d) Is bunted foul;
(e) Touches the batter as he strikes at it;
(f) Touches the batter in flight in the strike zone; or
(g) Becomes a foul tip.

これによると、ストライクとは、アンパイアがそう宣告した(「ストライク！」と宣告した)規則にかなった投球で、打とうとしたがバットにあたらなかったか、あるいは…、あるいはファウルチップになったものである。関係代名詞には一般に制限用法と非制限用法があり、ここで使われている関係代名詞「which」の直前のコンマは、「which」が非制限的に使われていることをしめす。制限用法と非制限用法のちがいは、例で見るのがわかりやすい。次の例文(1)は制限用法、(2)は非制限用法である。

（1） She has only two automobiles which are red.

（2） She has only two automobiles, which are red.

（1）は「彼女には赤い車が二台しかない」、（2）は「彼女には車が二台しかなくて、それらは赤い」という意味であり、もし彼女に車が三台あってそのうち二台が赤で一台が青だとすれば、（1）は真だが（2）は偽ということになる。もしコンマなしの制限用法だったら、（a）～（g）の条件のどれも満足しない投球がストライクでないことはあきらかだったのだが、非制限用法なので微妙である。（1）と（2）の例とちがってたんなる主張ではなく定義なので、非制限用法を制限用法から区別することはかんたんではないが、次のように解釈するのが非制限用法を尊重した最も自然な解釈の仕方だろう。

（3） ストライクとは、アンパイアが「ストライク！」と宣告した正規な投球で、そのような（アンパイアが「ストライク！」と宣告した正規な）投球は（a）～（g）の条件のうちどれかを満たす。

ここで微妙なのが、「そのような投球は（a）～（g）の条件のうちどれかを満たす」という部分である。単純に(a)〜(g)の条件のうちどれかを満たさなければストライクではないと言っているのではないということは「which」の非制限用法からくみとれるが、では、もしアンパイアが「ストライク!」と宣言したにもかかわらず(a)〜(g)のどれも満たさなかった投球はどうなるのだろうか。アンパイアが「ストライク!」と宣告したのでストライクだが、(a)〜(g)のどれも満たさないのでストライクではない、ということなのだろうか。もちろん、そうではない。一つの投球がストライクでありかつストライクでない、ということは論理的に矛盾しているので、そのような事態の可能性を許す解釈は(3)の解釈としてうけ入れられない。

ここで、「ストライク」と「本当のストライク」を区別する必要があると主張する読者がいるかもしれない。つまり、アンパイアが「ストライク!」と宣告したのでストライクではあるが(a)〜(g)のどれも満たさないので本当のストライクではない、という主張である。残念ながら、この主張もまたうけ入れられない。当の定義が野球というスポーツを可能にするための諸々の規則の一環としてあたえられている、という事実を無視しているからである。投球にはストライクとボールのほかにもう一つ「本当のストライク」という分類があるとしたら、三振はどう定義されるのか。ストライク三つなのか、「本当のストライク」三つなのか、それともストライクまたは「本当のストライク」三つなのか。

そもそも、ストライクから区別された別の分類としての「本当のストライク」が投げられたかどうかは、誰が正式に判断するのか。それはアンパイアにほかならないだろう。すなわち、アンパイアが「ストライク!」と宣告すればストライクだが、そう宣告するためにアンパイアは、投球が

（a）～（g）の条件のうちどれかを満たすかどうかを判断している、つまり、投球が「本当のストライク」かどうかを判断しているのである。端的に言えば、「ストライク！」と宣告するときアンパイアは「本当のストライク！」と宣告しているにほかならないのである。「本当の」という修飾語は、滑稽な蛇足である。ストライクとは、本当ではないストライクあるいは格の低いストライクなどではなく、本当の正真正銘のストライク以外の何ものでもない。それ以外の種類のストライクなどありはしないのである。

アンパイアが「ストライク！」と宣告したが（a）～（g）のどれも満たさないような投球は、（3）によればストライクなのである。すなわち、そのような投球をストライクでないとするのは、（3）によればまちがいなのである。アンパイアの（正規な）「ストライク！」宣告は定義によって正しいのである。「ストライク」の概念は公式の野球規則で定義された以上でも以下でもなく、その定義によれば、アンパイアの「ストライク！」宣告は自動的に正しい、すなわち、アンパイアに「ストライク！」と宣告された正規の投球は自動的にストライクなのである。

しかし、そうならば、（3）の「そのような投球は（a）～（g）の条件のうちどれかを満たす」という部分はどう解釈すればいいのか。これを単純に（2）での関係代名詞の非制限用法に準じて事実についての言明ととることには、あきらかに無理がある。アンパイアが「ストライク！」と宣告したすべての正規の投球が、必ずしも（a）～（g）のどれかを満たすわけではないからだ。理想的にはそうあるべきだが、アンパイアとて人間である。（a）～（g）のどれも満たしていない投球を「ストライク！」と宣告することも（稀に）ある。

(3)の解釈に重要なのは、「満たす」という言い回しをどうとるかである。それは記述ではなく、規範としてとるべきなのである。「じっさいに満たす」と解釈するのではなく、「満たすべし」と解釈するのである。「満たさなければならない」でもいい。ふつうに記述しているかのように見えるが、じつは規範的な意味をもつ言い回しは珍しくない。たとえば、次のような文である。

(4) 料理をする前には手を洗う。
(5) ほめられたら、いったん否定する。

このような文は、人は料理をする前やほめられたときにじっさいにどのような行動をとるか、という質問に対する答えとして使えるだけではない。料理をする前やほめられたときにどうするべきか、という問いかけに対する答えとしても使える。前者の(記述的)使用法ならば、(4)も(5)も問題になっている当人によって真だったり偽だったりする。それにくらべて後者の(規範的)使用法ならば、(4)は「料理をする前には手を洗うべし」という意味になる。あるいは、命令形の「料理をする前には手を洗いなさい」と同じ役割を果たすと言ってもいい。いずれにしても、そうした使用のもとでは(4)は真にも偽にもなりえず、従われるか従われないかのみである。(5)も規範的使用のもとでは、「ほめられたら、いったん否定すべし」あるいは「ほめられたら、いったん否定しなさい」という意味になって、真偽の問題はもちあがらず、従われるかどうかの問題になる。
(3)における「そのような投球は(a)～(g)の条件のうちどれかを満たす」という部分も、同じように規範の意味に解釈すればいいのだ。この規範は、野球のゲームはそうあるべきだという野球そのものについての一般的規範の一環として、とくに「ストライク！」宣告をする権限をあたえられているアンパイアに向かって突きつけられている規範なのである。自分の宣告が定義上自動的に正しいと保証される立場をあたえられたアンパイアだが、同時に、その宣告は(a)〜(g)という条件にもとづいてなされるべしという規範に縛られているのである。(a)〜(g)のどれも満たさない投球を「ストライク！」と宣告したアンパイアは(定義上)正しい、すなわち、その投球はストライクであるが、その宣告行為は規範に反している。その意味でアンパイアは責めるにあたいする。ストライクではない投球をストライクと判断したという意味ではなく、(a)〜(g)のどれも満たさない投球をストライクと判断したという意味で責めるにあたいするのである。その意味で責めるにあたいするからといって、当の投球がストライクでないということにはまったくならない。アンパイアの宣告は正しい。定義上正しいのである。

2　アンパイアの必要性

本章のここまでの検討を、歯がゆく思っている読者がいるにちがいない。それは、「現時点でのテクノロジーの発達レベルではストライクの判断にアンパイアは必要かもしれないが、それはたんなるテクノロジーという外的要素による制限であって、野球そのものの本質から言って原理的にはストライクの判断にアンパイアはいらない」と考える読者である。そういう読者の考えは賛成するにあたいするだろうか。

テクノロジーがいまより格段進化して、正規の投球が(a)~(g)の条件のどれか一つを満たすかどうかが、人間を介さず完全に自動的に判断できる機械が発明されたとしよう。そしてその機械をじっさいの野球の試合で人間のアンパイアの代わりに使っても、人間のアンパイアにたよった場合と同じ程度に、あるいはそれよりスムーズに、ふつうの試合進行がはかどるような球場の設備が完備されたとしよう。そのような場合、アンパイアはいらなくなるのだろうか(アンパイアはストライクか否かを宣告する以外にもやるべきことがあるが、ここでは議論の便宜上それらの仕事は無視する)。ストライクの定義のなかの(a)~(g)に先立つ「…審判員によってストライクと宣告されたもの…」という部分は、もはや必要なくなるのだろうか。ストライクは、たんに(a)~(g)の条件のいずれかを満たす正規の投球として定義されうるのだろうか。

いや、そうは定義されえない。されうると思う人は、ゲームの規則の本質を把握しきれていない人である。野球のように相対する陣営のあいだのメンバーの交錯する行動によって進行するゲームの規則は、そのような行動を規制・判断し、かつ試合のスムーズな進行を可能にするという機能がある。その意味で、規範的要素を本質とする規則なのである。野球の場合、もし(a)~(g)のいずれかが満たされたかどうかだけでストライクを定義したならば、そのような定義に加えて、正規の投球がなされた直後かなり短い時間のあいだにその投球が(a)~(g)のどれかを満たしたかどうかを正確に判断する何らかの手段が不可欠であり、対戦する両チームがその手段に関して合意している必要がある。両チームの合意にもとづいて採用された手段によってストライクか否かの判断が迅速にくだされなければ、試合のスムーズな進行がさまたげられる。

一球一球の投球のたびに、その投球が(a)〜(g)のどれかを満たすかどうかを判断するのに対戦するチームが言い争いになったとしたら、たとえ言い争いの結果正確な判断が得られたとしても、ふつうの人間が楽しめるゲームとしての野球ではなくなるだろう。退屈きわまるほど余暇の時間が有り余っている人だけにしか楽しみようがないゲームになりさがらないためには、ストライクとは(a)〜(g)のどれかを満たすような正規の投球だ、と定義するだけでは足りない。試合中の両チームの行動を規制するようなかたちで、投球が(a)〜(g)のどれかを満たすかどうかを正しくかつ迅速に判断し即座に宣告する何らかのメカニズムに言及し、そのメカニズムの「ストライク！」宣告を公式にストライクとみなすとする規則が必要である。

自動的にそのような宣告ができる機械があって試合にかんたんに使用することが当たり前にできるようになれば、野球の規則はその機械に言及するかたちで解釈され、その機械が「ストライク！」と宣告する正規な投球がストライクだと理解されるようになるかもしれない。だが、そうなればアンパイアがなくなる、と主張するのはまちがっている。その機械がアンパイアになるだけの話である。人間のアンパイアはいなくなるかもしれないが、アンパイアがいなくなるわけではない。(a)〜(g)という条件にかんがみて投球がストライクか否かを正しくかつ迅速に宣告する何らかのエージェント、という意味でのアンパイアは、わたしたちが楽しめるゲームとしての野球にとって必要不可欠なのである。

だがここで、機械はどれだけ進歩したとしても故障を原理的に排除することはできないという理由から、「いかにテクノロジーが発達しても、アンパイアという職務から人間が完全に消え去る日は来ないだろう」と言う人がいるかもしれない。もし機械のアンパイアに何らかの支障がおきて、投球が(a)〜(g)のどれかを満たすかどうかの判断が狂った、あるいは、その判断をくだすのに異常に長い時間がかかったような場合、その機械の上に位置するいわば「メタアンパイア」が必要になる。アンパイアである機械がくだした判断についてメタ判断をくだすメタアンパイアが、少なくとも潜在的に機能可能でなければならない。メタアンパイアも機械にすることは、もちろん可能である。だが、機械であるかぎりそのメタアンパイア自体が故障するという可能性を完全に排除することはできない。もちろん人間のメタアンパイアもまちがいを犯すことはあるだろうが、まちがう可能性がゼロではない機械とまちがう可能性がゼロではない人間をくらべたら、メタアンパイアの役目を担わせて安心なのは人間だろう。アンパイアもメタアンパイアもどちらも機械でいいという立場をとる人でも、「アンパイア、メタアンパイア、メタメタアンパイア、…、X」という系列の最後のエージェントXには、機械より人間が適していると思うにちがいない。

こういう考えはもっともである。しかし、それは人工物というもののかなり制限された解釈にもとづいていると思われる。たんなる機械ではなく、高度に発達した人工知能ならばどうだろう。投球が(a)〜(g)のどれかを満たすかどうかの判断に長けているのみならず、自分が誤りを犯した場合の対処も有能な人間のアンパイアと同じようにできる人工知能だったら、その「上に」人間をメタアンパイアとして設置する必要はとくにない。試合中に物議をかもす事態が発生したときの対処能力が有能な人間に引けをとらないのならば、アンパイアとして人間より劣るとする理由がない。

もちろん人工知能は故障するかもしれないが、人間も「故障」する。人工知能より高い頻度で「故障」するかもしれないし、自分自身の「故障」に対処する能力は人工知能より劣るかもしれない。試合中の物議があまりに大きくてアンパイアの対処能力の限界をこえた場合は、究極的には日本野球機構コミッショナーの裁断にゆだねられることになるだろうが、それはアンパイアが人間だったとしても変わらない。

3　事実性と規範性

投球が(a)〜(g)のどれかにあてはまるかどうかは事実上の問題であり、それに関するアンパイアの判断は、火星は金星より大きいかどうかという事実上の問題に関する生徒の答えと同じ意味で「正しい」とか「正しくない」と言える。だが、もしその判断が「ストライク」だとしても、その判断そのものは投球をストライクにはしない。判断をくだすだけでは不十分である。その判断にもとづいて「ストライク！」と公式に宣告する必要がある。「ストライク！」と宣告されてはじめて、その投球がストライクになる。たとえアンパイアが(a)〜(g)にあてはまっていないと判断したあと「ストライク！」と宣告したとしても、あるいは、(a)〜(g)にあてはまるかどうかには無頓着のまま「ストライク！」と宣告したとしても、「ストライク！」と公式に宣告さえすれば、その投球はストライクなのである。

ゲームのルールはプレイヤーを規制するだけでなく、アンパイアをも規制する。公認野球規則は、アンパイアの「ストライク！」宣告をストライクの定義とすると同時に、(a)〜(g)の条件にもとづいて宣告をすべしとアンパイアの行動を規制している。そして、これがアンパイアの責任の重さを説明するのである。アンパイアの立場からすれば、自分の宣告が即そのまま公式な記録として残るということだけでも大きな責任だが、その宣告は(a)〜(g)という自分の制御外の条件にかんがみてなされるべしとルールブックに明記されているので、宣告は自分の意のままにはならない。少なくとも、(a)〜(g)という条件が満たされたかどうかは(ビデオレコーディングなどによって)あとでおおやけに検証可能なので、おおやけに非難されたくなければ、意のままにならない(a)〜(g)という条件に拘束されたかたちで宣告せねばならない。アンパイアの仕事は、事実に目を向けた規範性に縛られている。

(a)〜(g)のどれも満たさない投球をストライクと判断したアンパイアは、対戦するチームの信頼をそこなう。一回や二回だけならともかく、慢性的にそういう判断をくだすアンパイアに仕切られる野球の試合は、遅かれ早かれ破綻するだろう。両チームが満足せず、試合の続行をこばむだろうからだ。(a)〜(g)で言い表されている条件は客観的な条件であり、その客観性が、定義上正しいアンパイアの判断を、両チームにとって信頼でき従うにあたいする判断にしているのである。

しかし、まだ納得できない読者がいるかもしれない。(a)〜(g)の条件を満たさないということが誰の目にもあきらかな投球——たとえばバッターの背後を通過した投球——をアンパイアが「ストライク！」と宣告したならば、それはストライクではないということはあきらかであり、アンパイアが「ストライク！」と宣告したからストライクだという主張はまちがっている、と言いたくなる読者がいるかもしれない。そういう読者は、何があきらかなのかについて、もう少し注意をはらってほしい。バッターの背後を通過した投球が（a）～（g）の条件を満たさないということはあきらかである。また、アンパイアはそのような投球を「ストライク！」と宣告すべきではない、ということもあきらかである。さらに、そのような投球を「ストライク！」と宣告したアンパイアはアンパイアとしてすべきではないことをしてしまった、ということもあきらかである。しかしながら、そう公式に宣告された投球がストライクではない、ということはあきらかではない。野球規則はアンパイアが「ストライク！」と宣告した正規な投球をストライクと定義している、という解釈が野球規則のもっともな解釈ではないということはあきらかではないからである。

「バッターの背後を通過する投球がストライクになるような可能性を許す野球規則は許せないので、すぐに変えるべきだ」という反論があるかもしれない。だが、この反論は、野球規則はアンパイアに「ストライク！」と宣告された正規な投球をストライクと定義している、ということを仮定している。その仮定のうえに立って、そういう野球規則は許せないので変えるべきだと主張しているのである。

では、「バッターの背後を通過する投球がストライクになるような可能性を許す野球規則は許せないので、野球規則はじっさいにそのような可能性を許すようなストライクの定義はしていない」という反論はどうか。前の反論よりましだが、あきらかではない仮定にもとづいているので説得力は弱い。許せない野球規則はじっさいの野球規則ではない、という仮定がなされているのだ。これは野球規則に関する一つの楽観主義のあらわれだが、その楽観主義がうけ入れられるものかどうかは完全にあきらかだというわけではない。また、そもそも、バッターの背後を通過する投球がストライクになるような可能性を許す野球規則はすべて許せない、ということ自体あきらかではない。「ストライクは(a)~(g)の条件を満たすべし」という旨の野球規則の規範的な部分に従うよう義務づけられているアンパイアが、バッターの背後を通過した投球を「ストライク!」と宣告することによって、誰の目にもあきらかなかたちでその義務の行使を怠るということは不可能ではない——すなわち、その可能性は許されている——のだが、そのような可能性が現実化される確率は非常に低い。かつ、ストライクとはアンパイアが「ストライク!」と宣告した正規な投球であると定義する野球規則は、同時に、ストライクは(a)~(g)の条件を満たすべしと、アンパイアの「ストライク!」宣告行為を規範的に拘束してもいるので、野球の試合を合理的かつスムーズに進行するのに役立つ。そういう野球規則を、許されない野球規則だと弾劾するのは合理的とは思えない。

わたしたちがアンパイアの例から学ぶべきなのは、アンパイアの「ストライク!」という宣告の正しさには、事実性と規範性が一緒くたに盛り込まれているということである。そういう意味で、事実性のみが問題になるテストの答えの正しさとはちがうのである。事実性は一つの要素としてあることはあるが、それに加えて規範性が大きな役割を果たしているのだ。では、事実性がなく規範性のみにささえられている正しさというのはあるのだろうか。そもそも、そのような正しさは可能なのだろうか。事実性がまったくない正しさなどというのは、「正しさ」という概念そのものに反するのではないだろうか。次の章では、そのようなことがらについて考えてみることにしよう。

第 4 章

行為の正しさ

行為の正しさについて考えよう。困っている誰かを助けて感謝された人を見て、その人は正しいことをしたと言ったり、友人に嘘をついて害をあたえた人を見て、その人がしたことはまちがっていると言ったりする場合に問題になっているのが、行為の正しさである。「事実はこれこれだ」という判断をくだすのも一種の行為——心的行為——だと言うことはもちろんできるが、そうしてくだされた判断の内容の正しさは、その判断をくだすという行為の正しさと同じではない。テーブルに蜂蜜をたらして書いたラブレターは、恋人の心を動かす甘い内容であり、かつ、なめても甘いかもしれないが、「甘さ」の意味がちがう。判断の内容が正しく、かつ、そう判断するという行為も正しいとしても、「正しさ」の意味がちがう。

行為の正しさについて考えたとき、まず第一に頭に浮かぶのは、すべきことをすれば正しく、すべきではないことをすればまちがっている、という考えである。困っている人を助けるのはすべきことなので、それをすれば、その行為は正しい。また、友人に嘘をついて害をあたえるのはすべきではないことなので、それをすれば、その行為はまちがっている。倫理に関するこのような例はいくつもかんたんに思い浮かぶが、倫理的な意味での「すべき」という概念にからめて正しさを考えるのは少々込み入ったことなので、まずは、込み入っていない整然たるシステムのなかにある例から見ることにしよう。そのシステムとは、法律のシステムである。

1 法律と行為規範

日本で自動車を運転するときに、道路の左側を走れば正しく、右側を走ればまちがっている。左側走行が正しいのは日本の法律（道路交通法）に従った行為だからであり、右側走行がまちがっているのは日本の法律に反する行為だからである。アメリカで左側走行をすれば、それはアメリカの法律に反するのでまちがった行為であり、右側走行をすればアメリカの法律に従った行為なので正しい。この例がしめすように、法律にもとづいた「すべき」の概念は整然としたわかりやすい概念である。

法律による行為規範のシステムには、あきらかな論理構造がある。まず相対性。日本とアメリカでの自動車走行の例からわかるように、法律による行為規範は、法律が適用される社会グループ(国や地方自治体あるいは国際機関など)による。ことなるグループにはことなる法律のシステムがあり、ことなる法律システムはことなる行為規範を生む。法的な意味での行為の正しさが、この意味で相対的だというのは自明である。

そのいっぽう、法的な意味での行為の正しさに関して、いっけん自明に見えるがじつはそうではないことが一つある。それは次のような論旨である。「法的な意味で行為が正しいかどうかは法律に従っているかどうかの問題であり、法的な意味で行為がまちがっているかどうかは法律に反しているかどうかの問題であるので、法的な意味での正しさは合法性にほかならず、法的な意味でのまちがいは違法性にほかならない」。この論法によると、法的な意味での正しさを語るには合法性を語ればよく、法的な意味でのまちがいを語るには違法性を語ればいい。だが、これは自明の理とは言えない。それに気づくためには、法律はすべての行為にあてはまり違法でない行為はすべて合法的であるが、まちがっていない行為がすべて正しい行為だとは限らないということに気づけばいい。

たとえば、(人に迷惑をかけるようなふうにではなく、ふつうに)地下街を歩くという行為は違法ではない。よってそれは合法的行為である。なので、もし「正しい」が「合法である」と同値であり「正しくない」が「違法である」と同値だとしたら、それは正しい行為だということになる。だが、(ふつうに)地下街を歩くのが正しい行為だと言うのはおかしい。地下街を歩くという行為は、それを禁止する法律がない、つまり、いかなる法律にも抵触しないという意味で合法的だが、そうすべしという旨の法律（たとえば「歩行は地上ではなく地下ですべし」という法律）に積極的に従っているという意味で法律にもとづいた正しい行為なのではない。もちろん、まちがった行為だと言っているのではない。まちがっていないからといって即正しいということにはならない、と言っているのである。（法的に）正しい行為をするとは、法律が「こうしなさい」と言っていることをすることであって、法律が「こうしてはいけません」と言っていることは何もしないことではない。地下街を歩くというだけの行為は、正しいとかまちがっているとか言うよりも、どちらでもないニュートラルな行為だと言うのが最も自然だろう。

すなわち、

（1） いかなる行為も、（法的に）正しいか（法的に）まちがっているかどちらかである

という原理はうけ入れがたいのである。火星と金星のどちらが大きいかという質問の答えは正しいかまちがっているかどちらかだが、行為の正しさはそうではない。

「金星は火星より大きい」という答えが正しいのであり、それ以外の答えはまちがっている。第三の可能性はない。テストの解答欄に何も書いてなければ、「いかなる答えも正しいかまちがっているかどちらかだ」という原理が反証されたことになるだろうか。いや、ならない。そもそも答えがないので、正しくもなくまちがいでもない答えがあるというわけではない。よって、「いかなる答えも正しいかまちがっているかどちらかだ」という原理が反証されたことにはならないのである。

大きなバラの花束があって、いっけんその花束は赤と黄色のバラだけから成っているように見えるとする。しかし近くでよく見ると、いくつかのバラのいくつかの花びらは赤でもなく黄色でもなく、その中間色であることがわかるとする。この場合、赤い花びらと黄色の花びらのほかに、どちらでもない中間色の花びらがあることになるが、これは、赤と黄色を二つの極端とするスペクトルが、赤でもなく黄色でもない色を中間部分にふくむという意味で曖昧だということである。曖昧さの例はほかにいくらでもある。色以外でよく言及されるのはハゲの例である。毛髪豊かであきらかにハゲではない人がいるかと思えば、まったく毛髪がなくあきらかにハゲの人もいる。だが、その中間で、ハゲだとも言い切れずハゲではないとも言い切れない人もいる。ハゲ性は曖昧な性質なのである。

原理(1)がうけ入れられないのは、行為の正しさが曖昧な性質だからではない。バラの色やハゲ性とは事情がちがう。行為には正しい行為、まちがった行為、どちらでもない行為の三種類があって、それらの境界線ははっきりしている。曖昧さによらない三値論理があてはまるのである。バラの色で言えば、赤とオレンジと黄色があって、それらの境界線がはっきりしているようなものだ。じっさいのバラの場合は、赤、オレンジ、黄色はあるが、それらの境界線ははっきりしていない。きわめて曖昧である。三値どころか、無限の数の値があるかもしれない。

別の角度から見てみよう。「左側を走行すべし」という旨の法律は、あきらかに車両を操作するという行為のみを規制するための法律(「もし公道で車両を操作するのならば、左側を走行すべし」という法律)なので、車両を操作していない人にはあてはまらない。よって、そのような人が左側を走ってもその法律に従ったことにはならないし、右側を走ってもその法律を破ったことにはならない。一般に、法律は「もし…ならば、…すべし」(条件的強制)、「もし…ならば、…すべからず」(条件的禁止)、「もし…ならば、…してもよし」(条件的許容)というかたちをとるので、その前件(「もし…ならば」の部分)が言い表している条件を満たさない人は、当の法律の適用範囲外になる。なので、そのような人が何をしようが、正しいことをしたとか、まちがったことをしたとか言えないのである。

2　目的と行為規範

法律は、条件的に行為を強制、制限、または許容する比較的明確な規範システムの例である。だが、それ以外にも条件的な行為規範はある。じつのところ、法律ではない条件的行為規範は身の回りにいくらでもあり、わたしたちはつねにそのような行為規範によって行動している。それなしにはふつうの生活はできないと言ってもいいくらいだ。

たとえば、本書を読みつづけるという、目下のあなたの行為を例にとろう。なぜあなたはその行為をしているのか。しなくてもいいはずだ。することによって何か得るところがあるから、しているのである。「正しい」という概念についての理解を深めるため、論理的思考力を高めるため、分析哲学を体験するため、八木沢敬の日本語を吟味するため、などいろいろな理由があるだろう。あるいはひょっとしたら、インテリであるようなふりをしたい、手もち無沙汰の時間をつぶしたい、などといった動機からの読書なのかもしれない。いずれにせよ何らかの得るものがなければ、または、何らかの得るものがあると（無意識にでも）思っていなければ、本書を読むという行為はしていないだろう。本書を読みつづけるという目下のあなたの行為は、行為についてのある一般的な議論のかたちにもとづいておこなわれている。それは次のような議論のかたちである。

（2）　Rという結果がほしい。
（3）　もしCという行為をすれば、Rという結果が得られるだろう。
（4）　Cという行為をしよう。

（2）と（3）から（4）にたどりつくこの議論は、仮定から結論が必然的に帰結するという記述的な「理論的論理」の議論と区別して、行為を触発する議論という意味で「実践論理」の議論と言われる。身体の動きが、たんなる筋肉の収縮ではなく「行為」であるかどうかは、実践論理にもとづいているかどうかによると言えよう。自然におきる「しゃっくり」は行為ではない。「ハナコの注意をひきたい。しゃっくりをすればハナコの注意をひける。よって、しゃっくりをしよう」。こういう実践的な推論にもとづいてしゃっくりができる人は、行為としてしゃっくりができる人だが、ふつうの人ではない。ふつうの人がする場合のしゃっくりは、その人がしているというよりもむしろ、その人に「おきている」と言ったほうが正確だろう。歩道を歩いているときに、うしろからきた自転車にぶつかられて倒れたとすれば、倒れるという身体のその動きはあなたの行為ではなく、あなたに「おきた」ことである。

もちろん、あなたがそのとき歩道のその場所を歩いていたのは行為であり、その行為がなかったら、倒れるということはあなたに「おきなかった」だろう。しかし、だからといって、倒れたのはあなたの行為だったということにはならない。また逆に、たまたま一時間前に友人から連絡があったからあなたはそのときその場所を歩いていたのであって、もし連絡がなかったらそうしてはいなかっただろうとしても、友人からの連絡があなたの行為ではなくあなたに「おきた」ことだからといって、そのときその場所での歩行があなたの行為でないということにはならない。行為が行為でないことを引きおこしたり、行為でないことが行為の原因になったりすることはよくあることだ。

「(2)、(3)、ゆえに(4)」というこの実践論理の議論は、行為の必要条件と十分条件をあきらかにするのに役立つ。「なぜこの本を読んでいるのか」という質問に対して、あなたは「分析哲学を体験したいから」と答えたとしよう。

(5) 分析哲学を体験したい。

(6) もしこの本を読めば、分析哲学を体験できるだろう。

(7) この本を読もう。

「(5)、(6)、ゆえに(7)」という実践論理の議論が、あなたをこの本を読むという行為に駆りたてたというわけである。ある特定の目的があり、その目的を達成するための手段としてある特定の行為が視野に入ったので、その目的達成のためにその行為をしたのだというわけである。これは、もっともな答えだと言える。この本を読むという行為をあなたがした理由をあきらかにしている。(5)が言い表すあなたの欲求(したいと思うこと)と(6)が言い表すあなたの思いという背景があれば、(7)が言い表す行為へのあなたの意志が正当化される。この意味で、この本を読むという行為は「正しい」行為なのである。

別の日に鉄棒でさか上がりをしているときに「なぜさか上がりをしているのか」と問われて、同じように答えたとする。

(5) 分析哲学を体験したい。
(8) もしさか上がりをすれば、分析哲学を体験できるだろう。
(9) さか上がりしよう。

実践論理のこの議論は、あなたの行為の説明に成功していない。すなわち、(5)と(8)という欲求と思いの背景は、(9)という行為への意志を正当化していない。そのような背景においては、さか上がりするという行為は「正しい」行為ではない。目下の意味での行為の正しさは欲求を達成する手段としての正しさなので、その手段が欲求の内容と適切な関係になければ正しくないのである。

というわけで、実践論理における行為の正しさは、特定の目的を達成するための手段の正しさだということだが、目的と手段の関係をもう少しくわしく見ることにしよう。

a　欲求と思い

「(5)、(8)、ゆえに(9)」という議論は、さか上がりという行為への意志を正当化しないのだが、それはなぜか。(5)に問題はない。分析哲学を体験したいという欲求は、医療の進歩をさまたげたいという欲求や、世界を武力で征服したいなどという欲求のような、あきらかに「よくない」欲求ではない。また、円周率を小数点以下四二桁まで二四時間内に暗記したいという欲求や、世界で三一四番目に高い山にうるう年に登頂したいなどという欲求のような、ふつうに「どうでもいい」欲求でもない。量子力学を理解したいというような欲求と同じく、少なくともある程度敬意をはらうにあたいする「よい」欲求だと言えよう。

どのような欲求が「よくない」欲求で、どのような欲求が「どうでもいい」欲求で、どのような欲求が「よい」欲求かを判断する基準を、一般的なかたちで定式化するのはかんたんではない。そもそも、どの特定の欲求が「よくない」または「どうでもいい」または「よい」欲求なのかについて、みんなまたは大多数が同意するという保証さえない。世界を武力で征服したいという欲求は「よくない」欲求ではないと本気で主張する人がいるかもしれないし、世界で三一四番目に高い山にうるう年に登頂したいという欲求は「どうでもよくはない」と真面目に言う人がいるかもしれない。

にもかかわらず、そのような欲求が「正しい」かそうでないかという問いかけは、的外れに聞こえる。実践論理のなかでの正しさは行為の正しさであり、その行為の正しさは手段としての正しさである。欲求は、概念上その手段を手段たらしめる出発点の役割を果たすので、実践論理の意味での正しさの担い手にはなりえない。何か別の意味(たとえば倫理的な意味)での正しさの担い手にはなりえるかもしれないが、それは本節のトピックではない。かりに分析哲学を体験したいという欲求は「どうでもいい」欲求だと言う人がいたとしても、そういう人にとってさえ、その欲求は実践論理の意味で「正しくない」欲求だということにはならない。実践論理では、欲求はたんに「あたえられたもの」であり、評価の対象にはならないのである。その欲求を叶えるような行為が(その欲求に相対的に)「正しい」行為であり、叶えないような行為が(その欲求に相対的に)「正しくない」行為なのである。

では、思いはどうか。「もしさか上がりをすれば、分析哲学を体験できるだろう」という思い(8)は、評価の対象になるのだろうか。もちろん、なる。「もし雨が降れば、道が濡れるだろう」や「一時間正座すれば、足がしびれるだろう」などという判断と同じように、真偽の評価の対象になる。雨と濡れた道のあいだや、正座と足のしびれのあいだにはあきらかな因果関係があるように、さか上がりと分析哲学の体験のあいだには因果関係があるだろうか。たぶん、ない。もしあるとしても、それはまったくあきらかでない。通常の状況では因果関係はないので(8)は偽である。これが、「(5)、(8)、ゆえに(9)」という議論が、さか上がりという行為への意志を正当化しない理由である。その議論には、事実の誤認にもとづいているという欠点があるのだ。さか上がりするという行為は、分析哲学を体験するという目的にはかなっていないので、その目的を達成する行為としては「正しい」行為ではない。何か別の目的にはかなっているかもしれない。もしそうだとしたら、その目的を達成する行為としては「正しい」だろう。行為の正しさはどんな目的を達成するためになされるかによるので、目的と行為のあいだの因果関係の判断を誤ると、正しいと思っておこなう行為もじっさいには正しくないことがある。

b　意志決定

「(5)、(8)、ゆえに(9)」という議論とちがって「(5)、(6)、ゆえに(7)」という議論は、もっともな議論である。それに従って本書を読むという行為をすることには納得がいく。その行為の実践論理的「正しさ」は、その議論が裏づけている。だが実践論理の話はこれで終わらない。もう少し込み入った話をする必要があるのだ。その議論と次の議論をくらべてみよう。

(5)　分析哲学を体験したい。
(10)　もしソール・クリプキーの本を読めば、分析哲学を体験できるだろう。
(11)　ソール・クリプキーの本を読もう。

この新しい議論は、「(5)、(6)、ゆえに(7)」という議論と同じようにもっともな実践論理の議論であり、ソール・クリプキーの本を読むという行為の正しさを裏づけている。だが、本書とクリプキーの本の両方を読む時間がないとしたら、どちらかを選ばなければならない。分析哲学を体験するという目的を達成するためには、どちらでもいい――すなわち(6)も(10)もともに真だ――

が、どちらが「より良い」議論なのかを決めなければならない。それには二つの方法がある。

一つは(6)と(10)にかかわる方法である。(6)と(10)はともに条件文で、前件(「もし…読めば」の部分)と後件(「分析哲学を…だろう」の部分)が言い表す事態の因果関係を述べているが、どちらの因果関係がより強いかを決めるという方法である。たとえば、(自分はクリプキーが意図する読者より八木沢が意図する読者にちかいので)本書を読んだほうがクリプキーの本を読むより分析哲学を体験できる確率が高い、と判断するかもしれない。あるいは、(自分は哲学をするには日本語より英語のほうが楽なので)クリプキーの本を読んだほうが分析哲学を体験できる確率が高い、と判断するかもしれない。

一般的に言って、わたしたちの欲求はことなった複数の行為によって叶えることができるので、わたしたちは、それらの行為のうちどれが最も欲求を叶えそうだろうかということを(意識的にまたは無意識的に)判断して、特定の行為をしようという意志をもつにいたる。あたえられた欲求を叶える確率が高いとわかっている行為をしようとせず、その確率が低いとわかっている行為を選ぶのは実践論理に反する。

だが、もしそうだとしたら、わたしたちは、しょっちゅう実践論理に反する行為をしていることになるのではないのだろうか。「わたしはキーボードが弾けるようになりたいと思ってキーボードを購入したが、いざ練習する時刻になると面倒くさくなって居間でゴロゴロしている。キーボードが弾けるようになりたいという欲求をすてたわけではなく、その欲求を達成する確率を上げるにはキーボードの練習をするのがいいということもわかっている。にもかかわらず、練習せずにゴロゴロしてしまうのだ」。このようなことはよくある。すなわち、欲求を叶える確率が高いとわかっている行為をせず、その確率が低いとわかっている行為をしてしまうのはよくあることである。わたしたちは完璧ではないので、実践論理に反した行為をすることがあるのは驚くべきことではない。

そのいっぽう、もしわたしたちの行為に実践論理があてはまらないのが常態化したならば、わたしたちの行為の現実的な規範としての実践論理の意味がそこなわれる恐れがある。なので、もしかりに、居間でゴロゴロするという目下の例の行為が実践論理に反しない行為として記述できるならば、それに越したことはない。では、そのような記述は可能か。じつは可能なのである。数ある欲求のなかで、「効果的な」欲求とそうでない欲求を区別すればいい。そうすれば、キーボードが弾けるようになりたいという欲求をすて去ることも、練習すれば弾けるようになるという思いを放棄することもなく、実践論理を適用することができる。

わたしたちは、欲求がただ一つしかないという状態にあることはきわめて稀である。まったくないと言ってもいいかもしれない。複数ある(意識にのぼらないものもふくめれば無限の数ある)欲求はすべて同等ではない。即座に行為をうながす欲求もあれば、そうではない欲求もある。そのちがいは、欲求の「強度」のちがいによるのかもしれないし、何か別のちがいによるのかもしれない。いずれにせよ、個人がもつすべての欲求がまったく同じように同じ程度に同じタイミングで行為をうながすわけではない、ということはあきらかだ。ある特定の時点であなたがある特定の行為をしたならば、それはその時点であなたがもつ多くの欲求のうち、ある特定の欲求によってうながされた結果だろう。あなたにとって、その時点でその欲求が最も「効果的」だったのである。

たとえば、ランチに「野菜たっぷり減塩大豆バーガーのバンズ抜き」でなく「こってり背脂とんかつラーメンの大盛り」を選ぶとしたら、それは野菜中心で身体にやさしい食事をしたいという欲求よりも、脂質・炭水化物中心で快楽中枢に刺激の大きい食事をしたいという欲求のほうが「効果的」だからである。つまり、身体にやさしい食事をしたいという欲求をすて去ったわけでも、こってり背脂とんかつラーメンの大盛りは身体にやさしいと思っているわけでもなく、たんに、快楽中枢に刺激の大きい食事をしたいというもう一つの欲求ももち合わせており、その欲求のほうがより効果的だということにすぎない。すなわち、「もっている欲求にうながされた行為をするのが実践論理に従うということだ」と言う代わりに、「もっている欲求のうち最も効果的な欲求にうながされた行為をするのが実践論理に従うということだ」と言えばいいのである。

居間でゴロゴロするのは、キーボードが弾けるようになりたいという欲求をすてたからでも、ゴロゴロすればキーボードが弾けるようになるだろうと思うからでもなく、怠惰への欲求がその時点で最も効果的だからにすぎない。実践論理に反しているわけではない。

分析哲学を体験するために本書を読むか、それともクリプキーの著作を読むかを決めるための二つ目の方法は、欲求そのものを細分化する、すなわち(5)を細分化するという方法である。たんに分析哲学を体験したいというのではなく、さらに踏み込んだ欲求について語るのである。たとえば、

(5-1) 原語が日本語の著作を読んで、分析哲学を体験したい。

(5-2) 原語が英語の著作を読んで、分析哲学を体験したい。

（５－３）　イニシャルが「ＴＹ」の人の著作を読んで、分析哲学を体験したい。

たんに（５）ではなく、もっと細かい（５－１）あるいは（５－２）という欲求があれば、本書を読もうという決断とクリプキーの著書を読もうという決断の適切さに差異が生じ、（５－１）という欲求を満たすためにはクリプキーの著作を読むよりも本書を読むほうが適切となり、（５－２）という欲求を満たすためには本書を読むよりもクリプキーの著作を読むほうが適切となる。

（５－１）という欲求以外にも本書を読むほうをより適切とするような欲求はほかにいくらでもあるが、すべてのそのような欲求が同等に納得のいくものだというわけではない。たとえば（５－３）という欲求は、クリプキーの著書を読むのではなく本書を読むという選択をうながすという効果はあるものの、それ自体としては奇妙な欲求だと言わねばならない。著者のイニシャルと、分析哲学の体験をさせるという力のあいだの関係がまったく不明だからだ。この奇妙さのゆえに（５－３）という欲求は、クリプキーの著書ではなく本書を読むという選択を可能にする役目は果たせるにしても、本書を読むという行為を納得のいくものにすることはできない。この意味で、もし（５－３）という欲求からなされるならば、本書を読むという行為は完全に「正しい」とは言えない。

つまり、特定の欲求Ｄと特定の行為Ｃのあいだに「ＣはＤを満たす」という関係が成り立ったとしても、Ｃから離して考慮した場合Ｄ自体に行為をうながす欲求として何らか問題があれば、Ｄにもとづいてなされた行為としてのＣの完全な「正しさ」を疑う余地があるということだ。（５－３）ほどではないが、（５－１）にも少し問題がある。原語が日本語だということと、分析哲学の体験をさせるという力のあいだの関係は必ずしも明瞭だとは言えないからだ。(5-2)さえ問題がないわけではない。分析哲学の歴史にかんがみれば、原語が英語の著作のほうがそうでない著作より分析哲学の経験をさせるという力でまさると言う人がいるかもしれないが、そのような意見は、まったくおかどちがいではないにしろ、非常に説得力があるというわけでもない。分析哲学の歴史的背景と、現在の読者の分析哲学の経験の量や質のあいだにとくに密接な関係がなくても不思議ではないからだ。

では、行為をうながす欲求として何の問題もない欲求はないのだろうか。すなわち、これこれの欲求にもとづいてなされる行為は完全に「正しい」と言えるような、そういう欲求はないのだろうか。「ある」と主張する哲学者は多い。そのような哲学者によると、「倫理的な行為をしたい」という欲求が、そういう欲求である。

3 倫理的行為規範

倫理的な行為とは何か。この問いかけにはいろいろな答えがあるが、そのなかで代表的な二つの答えを見ることにしよう。

一つ目の答えは、倫理的な行為とは世界中の人々の幸福の総和を最大にしたいという欲求にもとづいてなされる行為だ、という主張である。

二つ目の答えは、倫理的な行為とはそもそも(倫理的でありたいという欲求以外の)欲求とは独立の動機から生じるものだ、という主張である。

a　最大幸福欲求主義

一つ目の答えは、倫理的な行為を、欲求と思いから動機づけられる意志決定によってなされる、前節で見たようなごく一般的な行為の一種としてとらえる。行為が倫理的であるための条件は、「空腹を満たしたい」とか「分析哲学を学びたい」などというような欲求ではないにしろ、ある種の欲求から発する行為であることにちがいはないというのである。欲求を満たそうという意志ではなく、まったくちがった種類の独特の意志から発するのが倫理的行為だ、とする二つ目の答えとは袂を分かつ。すなわち倫理的行為を、次のような一般原理に従って形成された意志による行為としてとらえるのである。

(12)　もし行為者Aの最も強い(効果的な)欲求がDで、Aが「行為CをすればDが最適なふうに満足される」と思うならば、AはCをしようという意志をもつにいたる。

(12)はすべての行為にあてはまる原理であり倫理的行為もその例外ではない、とするこの立場は、Dを特定の欲求に制限することによって倫理的行為を性格づけようとする。すなわち、Dが「世界中の人々の幸福の総和を最大にしたい」という欲求である場合、そしてその場合にのみ、(12)に従って形成された意志による行為は倫理的な行為であるというわけだ。これを「最大幸福欲求主義」

と呼ぶことにしよう。

Dを「世界中の人々の幸福の総和を最大にしたい」という欲求としたうえで(12)に従って形成された意志による行為のみが倫理的な行為だ、ということを裏がえして言えば、そのような欲求をもたずになされた行為は、いかに人のためになったとしても倫理的行為ではないということになる。このこと自体は、最大幸福欲求主義への反論にはならない。倫理的でない行為でも、たまたま偶然人のためになることはありうるからである。たとえば、いじわるをしようと思ってやる行為は倫理的でない行為だと仮定すると、いじわるをしようと思ってしたことが図らずも相手の利益になってしまうということはよくある話だ。

ひるがえって考えると、行為が倫理的だからといって、その結果じっさいに世界中の人々の幸福の総和が最大になるわけではないのだということがわかる。つまり、行為が倫理的だということと、その行為のじっさいの結果が望ましいということは別物なのだ。行為の倫理性は、その行為を生む意志の基盤になる欲求にのみ依存するということなのだから。

これに反して、「世界中の人々の幸福の総和を最大にしたい」という欲求は行為の倫理性と無関係ではないが、じっさいに世界中の人々の幸福の総和を最大にしないような行為はやはり倫理的な行為ではない、と主張したい人がいるかもしれない。この主張は、行為の倫理性はその行為の結果次第だという「結果主義」の一つであり、いかに賞賛すべき動機にもとづいていたとしても望ましい結果にじっさいにいたらなければ倫理的とは言えない、という主張である。だがこれは、行為の倫理性には、しかるべき動機が必要だがそれだけでは十分ではなく、望まれた結果の成就も必要だという主張であり、倫理的な行為が現実に実を結ばないという可能性を概念的に否定するという、かなり極端な主張だと言わねばならない。完全に倫理的な行為でも、たまたま運悪く望ましい結果にいたらないということもありうる、という行為の倫理性の現実的制限をすなおに認めるならばうけ入れがたい主張なのである。

最大幸福欲求主義によると、倫理的行為の「正しさ」には二つの種類があると言えるだろう。一つ目は倫理的な正しさであり、二つ目は行為としての正しさである。あたえられた行為の倫理的な正しさとは、その行為が倫理的かどうかということにほかならない。「倫理的」という形容詞がそもそも、すでに価値判断をふくんだ意味の言葉であり、その意味は「倫理にかなった」すなわち「倫理的に正しい」だからである。このことは、「あの行為は倫理的だが、倫理的に正しくない」が内的に矛盾しているということからあきらかである。「あの行為は法的だが、法的に正しくない」が内的矛盾をふくむ、ということと類似的に考えればいい。「あの行為は政治的だが、政治的に正しくない」が内的に矛盾していない、ということと対比すれば、よりはっきりするかもしれない。ある行為が倫理的な行為だと判断されたその瞬間に、その行為は倫理的に正しいと判断されたということになる。

そのいっぽう、最大幸福欲求主義による倫理的行為の行為としての正しさとは何か。それは、その行為が行為として成功しているかどうか、ということにほかならない。この意味で、最大幸福欲求主義によると、倫理的行為の行為としての正しさは、倫理的でない行為の行為としての正しさと何らことなるところはない。いずれも(12)という原理に従っているので、行為の結果Ｄという欲求が適切に満たされれば、その行為は行為として正しいとみなされるのである。欲求満足に向けてなされる動き、という意味で(12)によって特徴づけられる意志からなされる行為は、そう特徴づけられた行為としての本質により、当の欲求を満足させれば行為として正しいと言えるのである。

これに対して、倫理的行為を(12)とは独立にとらえる、本節冒頭でのべた二つ目の答えは、倫理的行為の倫理的正しさは行為の結果とは無関係だと言うのみならず、特定の結果への欲求にも依存しないと言う。その二つ目の答えの考察に入ろう。

b 倫理的義務主義

二つ目の答えは、行為の倫理性はその行為の結果には依存しないと主張するという点で、一つ目の答えと共通している。しかし、一つ目の答えが、行為の倫理性を「世界中の人々の幸福の総和を最大にしたい」という特定の欲求によって特徴づけるのに対し、二つ目の答えは、行為の倫理性をいかなる欲求からも独立にとらえる。この答えの細部を検討する前に、この答えの擁護者が、前項の最大幸福欲求主義をうけ入れがたいとする理由をまず見てみよう。

そもそも「世界中の人々の幸福の総和を最大にする」というのは無条件に望ましいことなのだろうか。「無条件に望ましいことではない」と主張する哲学者は少なくない。そのような哲学者によると、世界中の人々の幸福の総和を最大にしようという動機にもとづいているにもかかわらず、無条件に望ましくはない行為が可能である。

たとえば、菜食主義者を嫌悪し菜食主義者をいじめることに快感をおぼえる肉食主義者が全人口の九九・九%を占め、残りの〇・一%は菜食主義者であるような世界を考えよう。そのような世界では、少数派の菜食主義者を激しくいじめることによって大多数の肉食主義者が大きな快感をおぼえるので、いじめられた菜食主義者が感じる苦痛にもかかわらず世界全体における人々の幸福の総和は、いじめがない場合より大きくなる(としよう)。ならば、最大幸福欲求主義によれば、いじめないでおこうとするより、いじめようとするほうが倫理的だということになる。少数の人々を大多数の人々によるいじめから守ろうとするよりも、大多数の幸福のために少数を犠牲にしようとするのが倫理的だということになってしまう。これは、おかしい。わたしたちが自然にもっている倫理感に反する。よって、「世界中の人々の幸福の総和を最大にする」というのは、行為の動機として無条件に望ましいことではない(かつ、行為の結果としても無条件に望ましくはない)。これが多くの哲学者が擁護する議論であり、最大幸福欲求主義(ならびに最大幸福結果主義)を拒否する主な理由である。

そのような世界は不可能だ、という反論が最大幸福欲求主義者からあるかもしれない。だが、そのような世界はどういう意味で不可能なのだろうか。論理的に整合的な記述ができているし、使われている諸概念も矛盾してはいない。もちろん現実世界とは非常にことなるが、それが現実世界だとは誰も言っていない。非現実だが可能な世界だと言っているのである。もちろん、現実世界でないのみならず、かなり蓋然性の低い世界だという指摘があるかもしれない。だが、かりにそうだったとしても可能世界でないことにはならない。低い蓋然性は不可能性を含意しないからだ。

「世界中の人々の幸福の総和を最大にする」というのは無条件に望ましくはない、と主張する哲学者は、「世界中の人々の幸福の総和を最大にする行為は、一般に(おおかた)倫理的に望ましい行為である」ということを否定する必要はない。「世界中の人々の幸福の総和を最大にする行為は、いかなる行為でも、必然的に(例外なく必ず)倫理的に望ましい行為である」を否定するだけでいいのだ。住人の大多数がサディスティック反菜食主義肉食主義者であるような、右の世界の可能性を擁護するだけでいいのである。

最大幸福欲求主義を否定する、この答えの擁護者は、では行為の倫理性をいかに定義するのだろうか。いかなる欲求からも独立に特徴づけられる行為などあるのだろうか。「ある。倫理的な義務から発する行為がそれである」という答えが返ってくるだろう。「倫理的義務主義」と呼べるこの立場は、行為への意志の基盤として、欲求と対照するかたちで義務をもち出す。いろいろな種類の義務のなかで、倫理的な義務とはどのような義務なのだろうか。

たとえば法的な義務とは、法律が「これこれすべし」と命じることをする義務であるということを考えれば、倫理的な義務とは、倫理が「これこれすべし」と命じていることをする義務であるということになろう。だが、倫理は何をせよと命じているというのだろうか。日本国の憲法を例にとって、それが何をせよと命じているかと問われれば、文書化された法律があるので、その文書を見ればわかる。イギリスの憲法のように、全体として明文化されていない不文憲法の場合には、その成文法の部分を見るのと同時に、文書化されていない該当する慣習を調べればわかる。法律とちがって倫理は、個々の国や時代によってあきらかにちがうわけではない。少なくとも、国や時代によって法律が変わるのと同じ頻度や同じ程度にコロコロ変わるわけではない。法律ほどこまかく特定の国や共同体にのみあてはまるようなかたちで行為を制御するのではなく、もっと基本的なレベルで、すべての人間にあてはまるようなかたちで行為を制御するからである。

倫理的義務主義の最も有名なバージョンによると、じつは「すべての人間」というカテゴリーさえ狭すぎるのである。倫理とは、人間というカテゴリーをこえた、より高次の行為主体のカテゴリーにあてはまる行為の規範システムだというのである。では、その高次のカテゴリーとは何か。

それは「理性的行為主体」である。理性的行為主体とは、情緒や感情や状況によって変わりうる特定の欲求とは独立の理由によって動機づけられた行為をすることができる主体のことである。では、そのような理由とは、いったい何なのか。それは、それをしようという意志を「一般化」することができるような、そういう行為をする、という理由である。どういうことかというと、自己をふくめたみんなが、これこれという行為をしようという意志から行為したならば、その意志が行為への意志として整合的だ、ということである。

たとえば、約束を破るという行為を例にとろう。それは、約束をするが、約束したことを果たさないという行為である。「すでにした約束を守らないでおこう」という意志から行為したならば、その意志は一般化できない。なぜなら、もしみんながそのような意志から行為したとすれば、約束の規範性がおかされ誰も約束事を信じなくなるので、約束という行為の基盤がなくなる。なので、そうしようと意図することが意味を失う。約束という行為がなし崩しになれば、約束を守らないという行為もなし崩しになる。そもそも約束をちゃんとしなければ、した約束を破るという行為は不可能だからだ。これに対して、「約束を守ろう」という意志から行為すれば、それは一般化可能である。みんながそうしても何ら不都合はおきない。それどころか、もしみんながつねにそうしていたならば、約束という社会的行為の整合性は強化されるだろう。

それをしようという意志が一般化可能であるような、そういう行為をする、という理由にもとづいて行為できる理性的行為主体から成る社会では、具体的にはどういう行為が倫理的な行為としてなされるのだろうか。約束を守る、という行為がすでに例にあがっているが、その行為についてもう少し深く考えることによって倫理的行為の特徴がわかれば、その特徴をもつほかの行為も倫理的行為だということがわかるかもしれない。

あなたが、友人にお金を貸すと約束したとしよう。しかし、ある時点で、あなたはこう思ったとする。「よく考えたら、貸すようなお金はもっていない。だから、お金を貸すのはやめよう」。こう思った結果、約束を破ったとしよう。これを「例1」と呼ぶ。

そういう理由ではなく、「貸すお金はあるが、それを貸すより自分で使って自分の欲求を満足させたいので、貸すのはやめよう」という理由から約束を破ったとする。これを「例2」と呼ぼう。

このどちらでもなく、約束はしたものの、ただたんに面倒くさいというだけの理由でその約束を破る、というのを「例3」としよう。

これら三つの例に共通なのは、理由はどうあれ、約束を破ったという行為そのものはほめられる行為とは言いがたいということだ。理由によっては、その行為は「理解できる」、「わからなくもない」、「無理もない」などという評価ができるかもしれない。にもかかわらず、「よくやった」とほめることはできないだろう。できないだけではなく、ほめるのは的外れ、あるいは、かなり強い意味で「おかしい」ことだと言えるだろう。

例1では、貸すお金がそもそもないのだから、約束は守りようがない。なので、約束を破ることになるのは「もっとも」なのだが、同時に、ないお金を貸すなどという約束をするべきではなかったにもかかわらず約束した結果、その約束を破るハメになったという意味で非難にあたいする。例2では、貸すお金はちゃんとあるが、約束を守ることよりも自分の欲求を満たすことを優先させているので、これも非難すべき行為である。例3は、貸すべきお金を自分の欲求を満たすために使いたいという理由さえないのに、ただたんに面倒くさいので約束を破るという、あきらかに非難すべき行為である。

では、これら三つの例とはちがって、貸すお金はあり、自分の欲求を優先させることはなく、面倒だと思いもせず、本当に貸そうと思っていたにもかかわらず、自分の子供に不慮の事故がおきて、そのためにお金を使わざるをえなくなり、その結果友人への約束を破らなければならなくなったとしたらどうだろう。これは、かなり「理解できる」、「無理もない」、「もっとも」な状況かもしれない。にもかかわらず、約束を破られた友人に謝罪するのは当たり前のように思われる。約束を破った理由はもっともであり、もし約束を守ってお金を友人に貸し自分の子供のために使わなかったら、むしろそのほうが非難される行為になるのかもしれない。しかし、たとえそうだとしても、友人に向かって当たり前のように「お金は子供のために使ったから貸せない」と告知するだけで平然と約束を破るのは、「もっとも」だと言ってうなずける行為ではない。

約束をしたかぎり、状況がどうだろうと、どう変化しようと、その約束を守るべしという倫理的義務そのものは消え去らない。それが「約束をする」ということにほかならない。それが、ただたんに「お金を貸すよ」と言うのと「お金を貸す約束をするよ」と言うことのちがいなのである。ただたんに「この子はアヤメだ」と言うのと「この子をアヤメと名づける」と言うのがちがうということと似ている。「貸すよ」と言うのは、自分の行為の意思表示または自分の行為の予言をすることであり、それ以上ではない。それに対して「貸す約束をするよ」と言うのは、倫理的に自分の行為を拘束する行為をすることである。約束をするというのは、言葉を発するという言語行為をすることによって、たんなる言語行為以上の意味をもつ行為をすることなのである。

ここから見えてくる約束の特徴は、いったんなされた約束は、いかなる条件下でも破るべきではないということである。もちろん、極端な条件下では破らざるをえないかもしれないが、だからといって破ってよかったということにはならない。破らなかったよりも破ったほうが悲劇の程度が軽くなったかもしれないが、だからといって悲劇でなくなったというわけではない。「もし何々の条件がそろえば、これこれの行為をすべし」という条件法の行為規範ではなく、「これこれの行為をすべし」という、前件なしの、非条件法の行為規範が働いているのである。倫理的義務主義によると、行為規範を倫理的なものにするのは、この非条件法性なのである。特定の条件に左右されることなく、いつでも、どこでも、理性的行為主体ならば誰によってもなされるべき行為が倫理的行為なのである。

倫理的義務主義の立場から見れば、こういう意味での倫理的行為は、それ自体で正しい行為である。望ましい結果が得られるとか、それ以外の何らかの外的な理由によって正しくなるのではない。

もしかりに望ましい結果が得られたとしても、そしてそのかぎりにおいて「正しい行為だった」という判断がもっともだったとしても、それは、「もし望ましい結果がほしいならば、これこれの行為をすべし」という条件法の行為規範に従ってなされた行為として正しいのであって、倫理的行為として正しいのではない。非条件法の「これこれの行為をすべし」という行為規範に従ってなされる倫理的行為の倫理的行為としての正しさは、結果に左右されない。たとえ大勢の人々に多くの苦痛をあたえるような結果になったとしても、その行為の倫理的行為としての正しさに変わりはない。

倫理的義務主義の、この極端に聞こえる帰結に反論したいと思う人は少なくないだろう。誰が見てもあきらかに悲惨な結果をもたらす行為は、倫理的に正しい行為だとはとうてい言えないのではないか。そもそも、倫理的だということは、みんなを幸せにするのに貢献するということなのではないか。倫理的義務主義に反対するこの立場は、次の二つの主張から成っているということに注意しよう。

(13)　もし行為Cが悲惨な結果をもたらすならば、Cは倫理的に正しい行為ではない。

(14)　もし行為Cが倫理的に正しい行為ならば、Cはみんなを幸せにするのに貢献する。

この二つの主張は同値ではない。(13)が同値なのは(15)であり、(14)が同値なのは(16)である。

(15)　もし行為Cが倫理的に正しい行為ならば、Cは悲惨な結果をもたらさない。

(16) もし行為Cがみんなを幸せにするのに貢献しなければ、Cは倫理的に正しい行為ではない。

(13)と(14)が同値であるためには、「悲惨な結果をもたらさない」と「みんなを幸せにするのに貢献する」が同値でなければならないが、このペアは同値ではない。悲劇的でもなく、みんなを幸せにも不幸せにもしないような行為は可能だからだ。よく考えれば、日常的な行為のほとんどがそうだ。(16)と(13)が同値であるためには、「みんなを幸せにするのに貢献しない」と「悲惨な結果をもたらす」が同値でなければならないが、この後者のペアが同値でないことは、「悲惨な結果をもたらさない」と「みんなを幸せにするのに貢献する」が同値でないことからすぐ帰結する。

ということは、(13)/(15)と(14)/(16)とはお互いから独立に判断することができるということである。まず(13)/(15)を見よう。もし借りたお金を返すと約束して、その約束を守った結果「風が吹けば桶屋が儲かる」的な因果の連鎖によって芋づる式に、人類史上たぐい稀な(たとえばヒトラーのような)悪人の暴挙が可能になったとする。倫理的義務主義によると、その暴挙が可能になったのは、借りたお金を返す約束を守ったという行為が倫理的に正しくない行為だったからではない。そうではなく、倫理的に正しい行為でさえ嘆くべき結果を引きおこしてしまうような因果連鎖があるような状況だったからである。そして、そのような状況を可能にした先行する状況やことがらは、当の約束を守るという行為とは無関係でありうる。

次に(14)/(16)について言えば、ある行為が、みんなを幸せにすることに関して無力だったからといって、倫理的に正しい行為ではなかったということにはならない。あきらかに困っている人に助けを差し出したら、その人は自立心が強く他人からの助けにたよらないことを自負する性格で、その助けを拒んだとしよう。その場合、その助けの行為はみんなの幸せに貢献しないとしても、だからといって倫理的に正しくないということにはならない。たまたま相手が、倫理的に正しい行為によって必ずしも幸せ度が増すような人ではなかったということにすぎない。

これらの例でわかるのは、行為の倫理的正しさ(倫理的行為としての正しさ)は、その行為をとり囲む状況の正確かつ完全な把握を要求しないということである。たとえ「倫理的」という概念が、「みんなの幸せ」という概念と密接な関係にあり、「悲惨」という概念と対極にあったとしても、特定の行為をとり囲む状況が行為者の把握にそむくまたはそれをこえるようなものだったならば、倫理的な行為でも、みんなの幸せに貢献しそこねたり、悲惨な結果を招いたりしうるのである。

このように、倫理的義務主義によると、行為が倫理的に正しいということは、理性的行為主体の社会での非条件法の行為規範にもとづいて意志された行為だということとして理解されるのであり、倫理的行為の正しさは、それ自体独特の領域を形成しているということなのである。

さてじつは、行為の倫理性は、それ自体独特の領域を形成するのでもなければ、みんなの幸福を最大にするという意図によって定義されるのでもなく、じつはテストの解答の正しさと同類なのだという主張がある。それについて、次の項で見ることにしよう。

c　倫理リアリズム

テストの解答の正しさは、独立に存在するリアリティーとの何らかの対応関係(相関)として理解できるということを見たが、「倫理リアリズム」という立場によると、倫理的行為の正しさもまた、行為や行為者とは独立に存在するリアリティーとの対応として理解できる。金星は火星より大きいという事実は、人間の判断や行為に依存せず、それらとは独立な天文学的事実として成り立っている。この事実があるから「金星は火星より大きい」は正しいのであり、もしこの事実がなければ正しくない。同じように、たとえば「新生児を娯楽のために傷つけるべきではない」という原理にもとづいた行為が倫理的に正しいのは、人間の判断や行為に依存しない独立な倫理的事実の存在による、と倫理リアリストは主張する。わたしたちがじっさいに何を考えどう行動するかとは別に、わたしたちは倫理的にどう行動すべきかということは、金星が火星より大きいということと同じくらい客観的な事実だというわけだ。

ここで疑問が二つ湧く。一つ目は、もし倫理的事実というのがあるとしても、それは人間がいなかったら成り立ちえないものなのではないのか、という疑問である(人間がいなくても人間以外の倫理的行為者がいれば倫理的事実は成り立つだろう、という指摘があるかもしれないので、ここでは人間を、すべての可能な倫理的行為者の代表としてあつかうことにしよう)。倫理リアリストは、この質問に肯定的に答えても自己矛盾には陥らない。なぜならば、「倫理的事実は、人間がどういう生物で、どういう本性をもつのかということと独立ではない」という主張をすることが、倫理リアリストには整合的にできるからである。わたしたちの行為の倫理性に関する事実が、わたしたちが何を快楽と感じ何を苦痛と感じるかなどといったことを決定するわたしたちの本性と独立だという主張は、倫理リアリズムの一部ではないし、倫理リアリズムから導き出されるわけでもない。

人間がいなかったら、「人間は哺乳類だ」という動物学的事実もなかっただろう。しかし、だからといって、「人間は哺乳類だ」という事実がリアリティーにおける客観性をもたないということにはならない。同様に、人間がいなかったら「これこれすべし」というかたちの倫理的事実もなかったかもしれないが、だからといって、その事実がリアリティーにおける客観性をもたないということにはならない。いずれの事実も、リアリティーについてのわたしたちの判断とは独立に成り立ったり成り立たなかったりするような種類の事実である。倫理リアリストは、そう返答するだろう。

もちろん、たとえ倫理的事実が客観的に存在するとしても、人間がいなかったら、倫理的事実は発見されなかっただろう。だが、このことは、倫理的事実のみならず、天文学的事実（あるいはもっと一般的に、自然に関する事実）についても同じように言えることである。金星は火星より大きいという事実も、人間がいなかったら発見されなかっただろう。「これこれの事実が成り立つ」ということと「これこれの事実が発見される」ということは、きちんと区別する必要がある。

このような倫理リアリストの返答にもかかわらず、疑問は残るかもしれない。倫理リアリズムは、そうかんたんに納得がいくような理論ではないかもしれない。もっともで納得のいく反論がありうるのかもしれない。だが、もしそうだとしても、誤解にもとづいた反論は、もちろんおかどちがいである。そのような反論の例を一つ見よう。

「…すべし」という概念は人間が作った概念であり、人間なしには存在しえないので、(たとえば)「個人の尊厳を尊重すべし」という判断は、人間なしには存在しえない。よって、その判断の正しさも人間なしにはありえない。ゆえに、もしかりに倫理的事実なるものがあったとしても、それは人間なしには存在しえないので、人間から独立な客観性をもつのではない。

この反論は、次の大前提にもとづいている。

(17) もし判断の正しさが人間なしにはありえないならば、その判断の正しさは、人間から独立な客観性をもつ事実によるのではない。

この大前提の誤りをあきらかにするために、第1章ですでに出てきた背理法という議論の仕方を使うことにしよう。(17)が誤っていないという仮定はあきらかにうけ入れがたい帰結を生む、ということをしめすことによって(17)が誤っているということを立証する、という論法である。

まず、準備として、ハリモグラは哺乳類だという事実からはじめよう。「個人の尊厳を尊重すべし」などといった倫理的判断を正しくする、と倫理リアリストが主張する(倫理的)事実とはちがって、この(生物学的)事実はあきらかに人間から独立な客観性をもつ事実である。人間がいようがいまいが、ハリモグラは哺乳類だ(人間がいなかったら、オーストラリアの自然は人間によってかく乱されず、ハリモグラは哺乳類としてもっと繁栄していたことだろう）。それを疑う人は、権威ある生物学者に聞けばいい。ハリモグラは哺乳類だということが客観的な事実かどうかという話題について哲学者の言うことは、ちゃんとした生物学者の言うことより信頼にあたいするものではない。もし哲学理論が何らかのかたちで、ハリモグラは哺乳類ではない、または、人間の思いによってハリモグラは哺乳類だったり哺乳類でなかったりする、という結論に導くということが証明されたならば、わたしたちがしなければならないのは、ハリモグラは哺乳類だということが客観的事実ではなかったのだと結論することではなく、その哲学理論を放棄することである。

まず、(17)は誤っていないと仮定する。さて、「哺乳類」という概念は人間が作った概念であり人間なしには存在しえないので、「ハリモグラは哺乳類だ」という判断は、人間なしには存在しえない。よって、その判断の正しさも人間なしにはありえない。そこから(17)により、その判断の正しさは人間から独立な客観性をもつ事実によるのではない、ということが帰結する。すなわち、ハリモグラは哺乳類だということは客観的事実ではない、ということになる。こうして(17)は誤っていないという仮定から、あきらかにうけ入れがたい帰結が生じる。ゆえに(17)は誤っている。

(17)の誤りは、判断の正しさが人間なしにはありえない、ということについての認識の甘さにある。判断の正しさが人間なしにはありえないのは、判断が人間なしにはありえないからであって、人間によってなされた判断が正しいか正しくないかが人間次第だからなのではない、ということを見逃しているのである。アポロ一一号は人間が作った宇宙船であり、人間なしには存在しえなかったが、いったん人間に作られて月に着陸したら、月面でどのくらいの重量になったかは人間次第ではなく、質量と重量の関係についての(物理学的)事実によって決まった。

リアリティーの小さな一部として人間があり、リアリティーの小さな一部のみが人間次第なのである。リアリティーの概念化は、もちろん人間次第だが、リアリティーはリアリティーの概念化ではない。たとえば五三億年前の宇宙は、五三億年前の宇宙の概念化ではない。前者は人間なしに存在したが後者はそうではない、ということがそれを端的にしめす。倫理リアリズムについて議論しているこの場面に、形而上学の議論に出てくる観念論をもち出すのはおかどちがいである、ということに留意することはいいことである。

二つ目の疑問は、「これこれである」と「これこれすべし」は、そもそも同じ領域に属しえないのではないかという疑問である(「これこれではない」と「これこれすべからず」という否定形についても同様であるが、煩雑化を避けるために肯定形に焦点をしぼる)。前者は事実に関する判断であり、その真偽を問うことに意味があるが、後者は事実に関する判断ではなく、「これこれ」という行為を処方しているように思われる。処方は事実判断とちがって、その真偽を問うことが意味をなさないのではないか。真か偽かではなく、守られるか守られないかなのではないか。事実判断と倫理的処方のあいだには埋められないギャップがあり、「である」は「すべし」を含意しないのではないのか。

この疑問はもっともであり、倫理リアリストはそれに真摯に直面する必要がある。では、倫理リアリストはどう答えるのだろうか。手っとり早く言えば、「事実判断の対象になる事実のなかに倫理的事実がある」と答えるのである。別の言い方をすれば、「事実には二つの種類があって、一つは「これこれである」というかたちで言い表される事実、もう一つは「これこれすべし」というかたちで言い表される事実なのである」というわけだ。つまり、「である」だけがリアリティーのなかにある客観的事実を性格づける言い回しなのではなく、「すべし」もリアリティーのなかにある客観的事実を性格づける、もう一つの言い回しにほかならないというのである。なので、かりに「である」が「すべし」を含意しなかったとしても、倫理的な判断の正しさが、リアリティーのなかにある客観的事実によって左右されないということにはならないというわけだ。

だが、この答えは納得のいくものなのだろうか。事実は「である」で終わる文で言い表される、ということは「事実」という概念に内在しており、事実になくてはならない性質なのではないか。そして、そうならば、「すべし」で終わる文で言い表されるのは事実とは言えないのではないか。事実は「である」という事実判断の守備範囲にあるのであって、「すべし」という行為についての処方はまったくおかどちがいなのではないか。

事実判断と行為の処方という区別を使ったこの反論は、いっけん論駁不可能のように見えるかもしれないが、「である」と「すべし」という文の終わり方の区別に依存するかぎり、その論駁はじつはいたってかんたんである。たとえば「個人の尊厳を尊重すべし」は「すべし」で終わる処方だが、「個人の尊厳を尊重するべきである」と言いかえることができる。一般に、「これこれすべし」という処方は「これこれするべきである」というかたちに言いかえ可能である。もし「である」で終わる文がすべて事実判断を言い表す文だということならば、「すべし」で終わる文はすべて事実判断を言い表す文として言いかえられるので、(「すべし」で終わる文はすべて行為の処方を言い表しているという仮定のもとで）文で言い表せる行為の処方はすべて事実判断だということになる。事実判断と行為の処方の区別を、それを言い表す文の終わり方で定義するかぎり、行為の処方は事実判断ではないという主張は擁護できない。では、別のやり方で定義することができるだろうか。

「事実判断は行為の処方に言及しない」というのを、事実判断の定義の一部として組み込んだらどうだろう。だめである。なぜなら、そうすると「ハナコはミキオに、ユリコの手助けをしなさいと言ったのである」が事実判断でなくなってしまうからだ。ハナコがミキオに何と言ったか言わなかったかは事実問題であり、ハナコが言ったとされる内容が行為の処方だからといって、それが事実問題でなくなることはない。

もし「事実判断は行為の処方に言及しない」と同時に「事実判断は行為の処方をしない」というのを事実判断の定義に組み込めば、行為の処方は事実判断ではないということが帰結するのはたしかだが、その場合まったく別の論理的問題がおきる。すなわち、「論点先どり」という論理的あやまちを犯すことになるのである。行為の処方は事実判断ではないという主張を擁護するために「行為の処方をしない」を事実判断の定義の一部にするのは、クジラは哺乳類ではないという主張を擁護するために「クジラではない」を哺乳類の定義の一部にするのと同様に、まったく実質的な擁護になっていない。擁護されるべき論点を仮定することからはじめているからである。

にもかかわらず、「個人の尊厳を尊重すべし」や「ユリコの手助けをすべし」といった行為の処方は、「クジラは哺乳類である」や「金星は火星より大きいのである」といった事実判断とは根本的に何かがちがう、という印象を拭い去ることはむずかしい。前者は後者とちがい、何らかの意味で、人間からの独立性に欠けるように思われてならないのである。この印象を、輪郭のはっきりした主張に作り上げることはできないだろうか。

d　倫理のユーモア説

事実判断と明確に分離することは困難だが、客観的事実判断であると疑いの余地なく断言できそうにもない種類の判断がある。行為の処方を、そのような種類の判断と同類のものとして見れば、倫理リアリズムではないがそれにちかい立場から見た倫理的判断の正しさが理解できるかもしれない。そのような種類の判断とは、ユーモアに関する判断である。

問い――ゾウを軽自動車の助手席に乗せるには、どうすればいいか。
答え――軽自動車の助手席のドアをあけて、ゾウを入れて、ドアをしめる。

このジョークに笑う人と、笑わない人がいる。笑う人はこのジョークをおもしろいと思い、笑わない人はそうは思わない。「このジョークはおもしろい」という判断について意見が分かれるのである。どちらの意見が正しく、どちらの意見がまちがいなのだろうか。このジョークがおもしろいかどうかということについて、そもそも正しい意見やまちがった意見などというものがあるのだろうか。これについて選択肢が三つある。

(18)「このジョークはおもしろい」は、客観的に正しい。
(19)「このジョークはおもしろい」は、客観的にまちがっている。
(20)「このジョークはおもしろい」は、客観的に正しくもなく、客観的にまちがってもいない。

まず(18)を仮定しよう。「ジョーク・リアリズム」と呼べるであろう立場を仮定するのである。それによると、このジョークのおもしろさに関する、あなたやわたしのような個人による判断とは独立に、このジョークがおもしろいという客観的な事実が成立しており、その事実が「このジョークはおもしろい」を客観的に正しくしている。

次に(19)を仮定しよう。この場合もジョーク・リアリズムがあてはまる。ジョークに関するリアリティーは客観的に存在するが、そのリアリティーの一部として、このジョークがおもしろいという事実があるわけではない。そういう事実が客観的に欠けているので、「このジョークはおもしろい」は客観的にまちがっているのである。

では、(20)を仮定したらどうか。もしジョークに関するリアリティーが客観的に存在するならば、このジョークはおもしろいという事実がそこにあるかないか、どちらかである。つまり、「このジョークはおもしろい」は客観的に正しいか、客観的にまちがっているかどちらかである。なので、ジョークに関するリアリティーが客観的に存在するということを否定せねばならない。つまり、ジョーク・リアリズムを否定せねばならない。逆に言えば、ジョーク・リアリズムは極端すぎてうけ入れられないと考える人にとっては、(20)はいい選択肢だと言える。個人的に当のジョークがおもしろいと感じ、よって「このジョークはおもしろい」が正しいと思いつつも、その正しさが客観性をもつとは言いたくない人は(20)を選択するのがいいだろう。

(20)は、「このジョークはおもしろい」は正しくもなくまちがってもいない、と言っているのではない。「このジョークはおもしろい」は客観的に正しくもなく客観的にまちがってもいない、と言っているのである。客観的に正しくないにもかかわらず正しい、とはどういうことか。主観的に正しい、ということである。「主観的に」というのは「判断者に相対的に」ということなので、「このジョークはおもしろい」が主観的に正しいということは、あるあたえられた判断者に相対的に正しいということである。同時に、別の判断者に相対的にまちがっていても矛盾はない。当のジョークをあなたがおもしろいと感じ、わたしがおもしろいと感じなければ、「このジョークはおもしろい」はあなたに相対的に正しく、わたしに相対的にまちがっている。

倫理的判断の正しさはジョークのおもしろさの判断との類比で理解するのがいい、というのが倫理のユーモア説である。この説によると、倫理的判断の正しさは天文学的判断のような客観性はもたない。主観的である。しかし、だからといって、恣意的なわけではない。あなたが気ままに「それは正しい」と言ったからといって、あなたに相対的に正しくなるわけではない。それはなぜかを理解するためにジョークとの類比が役立つというわけだ。

デイヴィッド・カプランというアメリカ人の分析哲学者がいる。カリフォルニア大学ロサンゼルス校の教授である。しばらく前にイギリスに招かれて講演をしたとき、いつもの彼らしく、哲学的緻密さと明確さで特徴づけられる語り口に、独特のユーモアをちりばめた講演をした。大きな講堂いっぱいの聴衆の誰一人としてニコリともしなかったので、カプランはがっかりしたのだが、あとのレセプションでイギリス人教授たちにこう言われたという。「デイヴィッド、あなたのジョークはどれも大変おもしろくて、思わず笑ってしまうところだった」。

先のゾウのジョークを、あなたはおもしろいと感じたとしよう。けれども、（あのようなジョークをおもしろがっていると思われたくない、などといった）何らかの理由で「おもしろくない」とみんなの前で断言したとしよう。おおやけに「おもしろくない」という判断をくだしたわけである。ならば、「このジョークはおもしろい」という判断は、あなたに相対的にまちがっているのだろうか。いや、そうではない。おおやけの「おもしろくない」という判断は、当のジョークへのあなたの心のなかでの反応とは裏腹である。おもしろいと感じたのに、おもしろくないと断言したのである。この場合、ジョークのおもしろさについての判断の正しさに関して重要なのは、直接的反応であって恣意的断言ではない。あなたのおおやけの立場がどうであろうと、「このジョークはおもしろい」という判断は、あなたに相対的に正しいのである。

カプランのジョークに表向きは表情一つ変えなかったイギリス人の教授連に相対的に、「カプランのジョークはおもしろい」という判断が正しかったのと同様である。彼らはカプランのジョークに思わず笑いそうになった。この「思わず」が重要なのだ。自分の意識的思惑とは独立に、「おもしろい」という反応が自然におこっていた。カプランのジョークが自分にとっておもしろいかおもしろくないかを任意に制御することは、彼らにはできなかったのである。これは誰についても、どんなジョークについても、一般的に言える。ジョークがおもしろければ、「思わず」笑いそうになってしまう。そして、ふつうならじっさいに笑うのだが、そこはイギリス紳士なので、「こわばった上唇(stiff upper lip)」をもって必死でこらえていたわけだ。

ジョークがあなたにとっておもしろいかどうかは、あなたのユーモアのセンスに決定的に依存する。わたしたちのユーモアのセンスは、生い立ち、性格、文化・社会的背景などによって形成、維持され、さらに変化、変貌をとげる。意識的に培うこともできる。ユーモアのセンスのそのような形成、維持、変化、変貌の原因を突き止め、心理学的・社会学的・歴史学的・生物学的・文学的に分析し、理解することは可能である。だが、ユーモアのセンスを哲学的に正当化することはきわめてむずかしい。不可能かもしれない。

同じように、倫理的判断の正しさは倫理のセンスに依存し、その倫理のセンスは、心理学的・社会学的・歴史学的・生物学的・文学的に分析可能かもしれないが、哲学的に正当化するのはきわめてむずかしく、不可能かもしれない。ジョークを楽しむには、ユーモアのセンスを培い洗練させることが不可欠であるように、倫理的行為者であるためには、倫理のセンスを培い洗練させることが不可欠である。ジョークがおもしろいかどうかについての客観的事実はないが、個人にユーモアのセンスがあるかないか、あるならどういう種類のものか、ということについては客観的事実がある。ユーモアという現象のリアリティーがユーモアのセンスに根ざすのと同じように、行為の倫理性のリアリティーは倫理のセンスに根ざすのだ、というのが倫理のユーモア説なのである。

第 5 章
意味の正しさ

倫理的な判断は規範的な判断だが、それ以外にも規範的な判断はある。たとえば言葉の意味に関する判断である。「タヌキ」という言葉はタヌキという意味だ、という判断は、タヌキという意味を意図するならば「タヌキ」という言葉を使ってよし、かつ、タヌキという意味を意図しないならば、「タヌキ」という言葉を使うべからず、という規範の要素をふくむ判断である。本章では、そのような判断の正しさについて考えてみよう。

言葉の意味の話をするには、まず言語についての一般的な考察からはじめる必要がある。言語には、自然言語(日本語、英語、スワヒリ語、フィンランド語、ハンガリー語、等々)と人工言語(算数言語、一階述語論理言語、Javascript、手旗信号、手話、等々)があり、そのどれにも例外なくあてはまる言語一般の本質の性格づけをしようとすると、かなり抽象的にならざるをえない――「言語とは、統語論的アイテムから表現論的アイテムへのマッピングと、統語論的アイテムから意味論的アイテムへのマッピングから成る複合物である」(「表現論」は本書独自の言い方で、おもに音韻論と正書法などをふくむ、言葉の音声化や文字化などの物理的顕現化に関する研究分野をさす)。これはどういうことかというのを、日本語と算数言語の例をとって説明しよう(言葉について言葉で説明するので、ある程度のぎこちなさは不可避である)。

統語論的アイテムの例は、「タヌキ」という普通名詞、「跳ぶ」という自動詞、「＋」という二項関数記号、「＝」という二項関係記号である。「タヌキ」という名詞は、「た・ぬ・き」と発音され、タヌキを意味する。「＝」という関係記号は、「わ」(高学年では「い・こー・る」)と発音され、同一性を意味する。「跳ぶ」と「＋」の例も同様にあきらかだろう。表現論的アイテムとしては発音のみをあげたが、表記法(書き方)による表現(文字)もこのカテゴリーに入る。たとえば、日本語の二番目の例は「跳ぶ」とも「とぶ」とも書ける。

語や句や文といった抽象物(統語論的アイテム)から、発音や表記(表現論的アイテム)と、意味

	統語論的アイテム	表現論的アイテム	意味論的アイテム
日本語	「タヌキ」	た・ぬ・き	タヌキ
	「跳ぶ」	と・ぶ	跳ぶ
算数言語	「＋」	た・す	和(足し算)
	「＝」	わ	同一性

(意味論的アイテム)へのマッピングが言語なので、言語使用者になるには、このマッピングを習得することが必要である(必要だが十分ではないだろう、ということはあとでわかる)。たとえば日本語という言語を習得してちゃんとそれを使えるようになるには、日本語の諸々の語や句や文がどう発音され、どう表記され、何を意味するかを習得する必要がある。日本語の諸々の語や句や文を正しく発音し、正しく表記し、正しい意味で使えるようにならなければならない。「言語の習得」という概念は、この意味で「正しい」という概念を暗に仮定しているのである。

日本語で、「タヌキ」という語を「き・ぬ・た」と発音するのは正しくないし、「砧」と表記するのも正しくない。コアラを指さして「これはタヌキだ」と言うのも、また正しいことではない。発音と表記という表現論的アイテムに関する正しさは比較的はっきりしているので、さておき、ここでは意味論的アイテムに関する正しさに焦点を絞ろう。

1　意味規範

コアラを指さして「これはタヌキだ」と言うのが正しくないのはなぜか、と聞かれたら「タヌキ」という言葉はコアラを意味しないからだ、とふつうは答えるだろう。そしてふつう、それは正しい答えである。だがふつうでない状況下では、そうでないこともありうる。たとえば、コアラを盗んで高く売ろうとしている悪者に向かって、特定のコアラを「タヌキだ」と呼べば、そのコアラを助けることができるかもしれないという状況においては、そのコアラを指さして「これはタヌキだ」と言うのは正しいと言えるかもしれない。だが、そうだとしても、その正しさは動物倫理的に正しい行為だということであって、意味論的に正しいのではない。むしろ意味論的に正しくないゆえに動物倫理的に正しいのだと言えるだろう。「タヌキ」という語を意味論的に正しくないやり方で使うことによって、動物虐待を防ぐという結果をねらっているからである。

また、バートランド・ラッセルの著書 *The Problems of Philosophy* のオリジナル初版第一刷がほしいと思っていた矢先、コアラを提示されて一秒以内に「これはタヌキだ」と言えばラッセルの *The Problems of Philosophy* のオリジナル初版第一刷がもらえるゲームに参加する機会があったならば、そのゲームに参加してコアラを提示された瞬間に「これはタヌキだ」と言うことは、自分の目的にかなった行為だという意味で正しい行為だと言えるかもしれない。

この二つの例は、倫理的に正しいとか、特定の欲求を満たしてくれるという意味で正しいという、言語の外にある規範や目的にかんがみた外的な正当化の例だが、そうではなく、意味論に内的な、「言葉の意味にかなった」という意味での正しさがこの章での関心事である。

a 言葉の使用

「タヌキ」という言葉がタヌキを意味するからといって、タヌキを見た人が誰もみなそれを「タヌキ」と呼ぶかというと、もちろんそうとは限らない。「タヌキ」という言葉の意味は知っているが目の前の動物がタヌキだとわからないかもしれないし、また逆に、目の前の動物がタヌキだとわかってはいるが「タヌキ」という言葉の意味を知らないかもしれない。さらに、「タヌキ」という言葉の意味を知らないし、かつ目の前の動物がタヌキだともわからないかもしれない。「タヌキ」という言葉をその意味どおりに使う、すなわち意味論的に正しく使うには、「タヌキ」の意味を知っていて、かつ目の前の当の動物がタヌキだとわからなければならないように思われる。

だが、それは本当にそうなのだろうか。岡山県出身のモモコの前にタヌキがいる。そして、モモコはそのタヌキをはっきり知覚している(モモコの知覚が、泥酔などの内的要因あるいはモモコとタヌキのあいだの障壁の存在などの外的要因によって正常機能が妨害されている、というようなことはない)とする。もしそういう状況で、そのタヌキを指さしてモモコが「これはタヌキだ」と言ったとすれば、モモコは「タヌキ」という言葉を、この特定の場面で意味論的に正しく使っているということになるのだろうか。もしそういうことになるのならば、モモコは「タヌキ」の意味を知っていて、目の前の当の動物がタヌキだとわかっているのだ、ということになるのだろうか。(1)

は真であり、それゆえに(2)も真だ、ということになるのだろうか。

(1)　モモコは「タヌキ」という言葉を、意味論的に正しく使っている。
(2)　モモコは「タヌキ」の意味を知っていて、目の前の動物がタヌキだとわかっている。

まず(1)の真偽を論じる前に、少しちがった場面を考えてみよう。アメリカ・ジョージア州出身のピーチは日本語がわからない。しかし、日本のアニメ鑑賞中に「タヌキ」という言葉に出くわす(アニメの登場人物の一人が「タヌキ」という名前だったのかもしれないが、そういう細部はさておく)。その言葉の音感が気に入ったピーチは、その発音を習得しようと繰り返し練習するが、その練習中に、たまたまタヌキが彼女の前を通りすぎたとしよう。目の前を横切るタヌキを見ながら、ピーチは発音練習をつづけ「タヌキ」と言う。このような場面において、(3)は真だろうか。

(3)　ピーチは「タヌキ」という言葉を、意味論的に正しく使っている。

大多数の人は、たぶん(3)は真ではないと言うだろう。そして、そのような意見をささえる根拠はあきらかである。それは、「言葉を意味論的に正しく使うためには、少なくともその言葉を意味論的に使わなければならない」という原理にほかならない。意味論的使用が、意味論的正しさの必要条件だというわけである。ピーチは、そもそも「タヌキ」という言葉によって何かを意味しようとしているのではないので、彼女の「タヌキ」という発音は「タヌキ」という言葉の意味論的使用とは言えないのだ。よって(3)は真ではないということになる。

では、次のような状況ではどうだろう。ピーチは日本語の言葉の発音だけでなく、意味にも興味をもちはじめ、少しずつ日本語を習得しはじめる。「…は…だ」という構文と「これ」という代名詞を習得し、そのほかいくつかの単語も覚えたとする。しかしながら、どういういきさつからか、「タヌキ」と「キツネ」を混同してしまい、キツネを「タヌキ」と呼びタヌキを「キツネ」と呼ぶ習慣がついてしまう。そういうピーチの前をキツネが横切ったとしよう。それを見た彼女は、その動物を指さして「これはタヌキだ」と言う。このような状況においては(3)は真だろうか偽だろうか。ピーチはただたんに「タヌキ」という音を発しているだけではなく、「タヌキ」という言葉によって何かを意味しようとしている。すなわち意味論的使用をしている。よって、前の段落で見た根拠にもとづいて(3)は真ではないと言うことはできない。だが(3)は偽だと言える別の根拠があるのはあきらかである。ピーチは「タヌキ」という日本語の単語を日本語の意味に即して使おうとしているが、そうすることに成功していない。ある特定の意味論的使用を企てているが、その企てに失敗している。こういう理由で(3)は偽なのである。

ピーチに関するこの考察をモモコの状況にあてはめれば、(1)が真であるためには二つの条件が満たされねばならないということがわかる。すなわち、次の二つである。

（4）　モモコは「タヌキ」という言葉を、その言葉の意味に即して使おうとしている。

（5）　モモコのその企ては成功している。

述べられた状況下では(4)と(5)は無条件にあきらかに真だ、と思うかもしれない。そう思うのはもっともだが、じつはそれは緻密さが欠けた考え方である。じつは(4)は一義的ではなく二つのちがった解釈が可能であり、そのどちらの解釈をとるかによって、述べられた状況下で(5)が真かどうかが左右されるからだ。

b　意味の一義的決定

その二つの解釈とは、モモコによる「タヌキ」という言葉の理解に関しての解釈である。一つの解釈によると、モモコは「タヌキ」という言葉を(6)で言い表されるように理解しており、もう一つの解釈によると(7)で言い表されるように理解している。

（6）　何らかの意味xがあって、「タヌキ」の意味はxである。

（7）　「タヌキ」の意味はMである。

(6)で言い表される理解は、「タヌキ」という言葉には何らかの意味がある、つまり無意味ではない、という理解であって、それ以上ではない。すなわち、「タヌキ」がもつ意味が何か、それがほかの単語(たとえば「キツネ」とか「親父」とか「居眠り」とか)がもつ意味とどうちがうのか、などについての理解は含意されていない。「タヌキ」はちゃんとした日本語の言葉だと知っているが、それ以上のことは知らなくても十分ありうる理解なのである。

もしモモコにその程度の理解しかなかったら(4)はいかにして真でありうるだろうか。その単語が有意味だとはわかっているが、いかなる特定の意味をもつのかがわからなかったとしたら、その(わからない)意味に即してその単語を使おうとするのは不可能ではないのか。わからない意味に即して言葉を使おうとするということは、見えない線にそって歩こうとするのと同じように、そもそも企てることが不可能な行為なのではないのか。見えない線がそこにあるということを知っていれば、その線にそって歩ければいいなと思ったり、じっさいに歩きながら、その線にそって歩けていたいと望んだりはできるが、その線にそって歩こうという意識的行為をみずから能動的に企てることはできない(その線は見えないだけでなく、足の裏の感触で感知するなど視覚以外の知覚で察知することもできない、という仮定のもとでの話だということは言うまでもない)。標的が存在することはわかっていても、どこにあるのかがわからなければ、その標的めがけて矢を放とうと企てることができないのと同じだ。任意の方向に向けて任意の弓の張力で矢を放つのは、たとえそれが存在するとわかっている標的にあたることを願いつつなされたとしても、その標的を狙った行為だとは言えない。

これに対して(7)で言い表される理解は、たんに「タヌキ」という言葉が意味をもつという理解のみならず、その意味がどの特定の意味かという理解でもある。つまり、ある特定の意味Mを念頭において、それが「タヌキ」という言葉の意味だと理解するということである。漠然とその言葉には何らかの意味があると思うのではなく、特定の意味Mを念頭におき、そのMがその言葉の意味にほかならないと思うのである。そういう理解にもとづけば、その言葉の意味に即した使い方をしようという企てが可能になる。ではモモコが(7)で言い表される理解をもち、目の前のタヌキを指さして「これはタヌキだ」と言えば、(5)は真なのだろうか。いや、必ずしもそうとは言えない。まちがったMを念頭においているかもしれないからだ。たとえば、(7)が真なのは(8)がモモコの理解かもしれないからだ。

(8)「タヌキ」の意味はキツネである。

だが、もしモモコが(8)で言い表される理解のもとに「タヌキ」という言葉を使ったのならば、タヌキを指さして「これはタヌキだ」とは言わないだろう、と主張したい読者がいるかもしれない。そういう読者は、言葉の使用は意味の理解だけで決定されるのではない、というすでに見たポイントを忘れている。言葉をものに適用するには、その言葉の意味を理解するのみならず、そのものを理解する必要がある。そのものについての理解がその言葉の意味についての理解とマッチしたときに、その言葉がそのものに適用されるのである。言葉の意味についての理解がまちがっていても、ものについての理解がそれを埋め合わせるかたちでまちがっていれば、言葉のものへの適用はまちがっていないという結果になりうる。もしモモコが、目の前の動物(タヌキ)をキツネだと誤認すれば、(8)で言い表される理解のもとに「タヌキ」という言葉を目の前の動物、すなわちタヌキに適用するだろう。じっさいにはAの場所にある標的をBの場所にあると見まちがえて、Bに向かって矢を放とうとする腕不足の射手が、誤ってたまたまAに矢を打ち込むようなものだ。

では、(9)で言い表される理解ならばどうだろう。

(9) 「タヌキ」の意味はタヌキである。

キツネという意味でも、親父という意味でも、居眠りという意味でもなく、タヌキという意味だという理解である。そういう理解にもとづけば、その言葉をタヌキに適用し、かつタヌキ以外には適用しないようにしようと企てることができるのである。なので、もしタヌキを見てキツネだと勘ちがいしたならば、それを「タヌキ」だとは呼ばないし、「タヌキか」と聞かれたら「タヌキではない」と答えるだろう。つまり、言葉の使用がその言葉の意味に即していないということがあきらかになるのである。

もちろん(8)で言い表される理解のもとにキツネを「タヌキ」と呼べば、それも「タヌキ」という言葉の意味に即していない使用だが、その場合は意味の理解が正規で、ものの認識が誤っているのではなく、ものの認識は正しいが意味の理解が誤っているのである。「タヌキ」の意味はちゃんと把握しているがタヌキを認識する能力が低い人と、タヌキを認識する能力は高いが「タヌキ」の意味についてはあやふやな人を、「タヌキ」という言葉の適用行為のみにもとづいて区別するのはむずかしい。すなわち、意味論的正しさと(動物に関する)事実的正しさを切りはなして別々に検証することはむずかしい。

しかし、だからといって言葉の意味の理解の正しさを云々するのは無意味だということにはならない、と言う人がいるだろう。ｘとｙの区別を(知覚経験によって)検証することが困難だから、あるいはもっと極端に、その検証が不可能だからといって、ｘとｙのあいだに区別はないということにはならない、というわけだ。これは、かなりもっともな言い分である。一般に、これこれが検証できないからといって、これこれがリアルでないと結論するのは性急すぎる。わたしたちが検証できることは、わたしたちの認識能力に制約されるが、わたしたちの認識能力がリアリティーを制約することはない。むしろ逆である。わたしたちはリアリティーの一部であり、わたしたちの認識能力はわたしたちの性質の一部であるので、リアリティーがわたしたちの認識能力を制約するのである(そうではないと主張したい読者は、第2章の観念論に関する論議を反芻するのがいい)。

にもかかわらず、言葉の意味の理解という特定の話題については、(知覚経験による)検証の役割は大きいと言わねばならない理由がある。それは言語の習得の、知覚経験依存性である。人工言語や学校で習う外国語などは、幼児期に自然に習得した自然言語、すなわち母語、への翻訳という過程を経て習わざるをえないので、そのために(知覚経験による)検証が不可欠なのは言うまでもないが、(知覚経験による)検証は、母語の習得においてもまた不可欠なことに変わりはない。母語習得に決定的な幼児期に通常の人間社会から遮断されて育った人間は、人間の自然言語を母語として習得できないということは、オオカミに育てられた少年などの例からあきらかである。

では、もし意味論的正しさと事実的正しさの区別が検証できないとしたら、言葉の意味を学ぶことはできないということになるのだろうか。日本語の言葉の意味を学ぶのに、まわりの日本語使用者たちによる言葉の用法を観察し、言葉の意味に関する諸々の仮説を(反証もふくめた意味での)検証の対象にすることが不可欠であるとすれば、そしてそのような検証作業から離れては学ばれるべき言葉の意味を一義的に決定することができないとすれば、言葉の意味を学ぶことは不可能だという結論に達せざるをえないように思われる。日本語の話者がある種の動物を「タヌキ」と呼んだからといって「タヌキ」の意味はタヌキだということには必ずしもならないとしたら、母語を習得中の幼児はいかにして「タヌキ」の意味を学べるというのだろうか。

ここで、次のような反論が頭にうかぶ読者がいるかもしれない。

「タヌキ」という言葉だけを切りはなしてあつかうからこういう困難が生じるのであって、複数の言葉を同時にあつかえば困難は消え去る。「タヌキ」、「キツネ」、「動物」、など諸々の語句の使用は複雑な相互関係にあり、その相互関係を把握することで一義的意味決定が達成されるのだ。個々の語句についての検証はたしかに必要であり、そのような検証は個々の語句の意味を一つ一つ別々に決定することはできないが、数多くの語句の意味の論理的または事実的相互関係を加味すれば、それらの語句の意味を同時に一義的に決定できる。

この反論は一見もっともだが、それに対する答えがある。それは、考慮する語句の数を増やしても議論に本質的な影響はない、という答えである。なぜ本質的な影響がないかというと、複数の語句の意味の相互関係そのものが、検証によって一義的に決まることはないからである。「タヌキ」の意味はキツネだと思っているピーチが、タヌキを見てキツネだと誤認し「これはタヌキだ」と言うということが可能ならば、「タヌキ」の意味はキツネで「キツネ」の意味はタヌキだと思うことは可能であり、そう思っている人が、タヌキをキツネと誤認して「これはタヌキだ」と言い、キツネをタヌキと誤認して「これはキツネだ」と言うことも可能である。また、「タヌキ」の意味はタマネギであり、「動物」の意味は野菜だと思っている日本語話者が、タヌキを見てタマネギと誤認して「この動物はタヌキだ」と言うことも可能である。語句の数をさらに増やしても、それらの語句の意味の把握とそれらの語句がさすものについての事実的誤認の関係は変わらない。

だが、よく考えてみると、まわりにいる大人の言語使用者から言葉の意味を学ぼうとする幼児が、その大人が事実的な誤認を犯していないかなどと考えるだろうか。意識的に考えるということはないのはあきらかである。（知覚経験による）検証そのものが意識的な行為ではないからだ。では無意識的にはどうか。無意識的にさえ、事実的誤認可能性を考慮しているとはとても言えないだろう。言語習得に限らず、幼児の生育過程においてまわりの大人（とくに母親）の役割はこのうえもなく大事なので、そういった大人がもつ、たよりになる認識者としての資格はおのずと仮定されている。くつがえされるのが不可能ではない暫定的な仮定だが、他のライバルになる仮定より優先されるのはたしかだ。

ということは、母語の語句の意味を学ぶにあたって、検証によって言葉の意味を一義的に決定することはできそうである。事実に関して誤認していない大人がタヌキを見て「これはタヌキだ」と言えば、「タヌキ」はタヌキを意味するという意味論的仮説が検証されたことになりそうである。

いや、そう言うのはまだ早すぎる、という意見がある。タヌキをタヌキでないものと誤認することなく、タヌキとして認識していたとしても、「タヌキ」という言葉をタヌキの意味以外の意味で使っているという可能性が残っている、という意見である。たとえば、タヌキがいる所にはタヌキの諸部分(頭、胴体、足など)があり、タヌキの諸部分がある所にはタヌキがいる(片足のタヌキや分離されたタヌキの諸部分などといったふつうでない例は無視する――そもそも「タヌキ」の意味を教えるのにふつうでない例をもち出すのはひねくれ者である)。「タヌキ」という言葉をタヌキの意味で使う人と、タヌキの意味ではなくタヌキの諸部分の意味で使う人のあいだには、その言葉の使用において第三者の立場から検証可能なちがいはない。「タヌキ」をタヌキの意味で使うのは(意味論的に)正しいが、タヌキの諸部分の意味で使うのは正しくないので、意味論的正しさを学ぶことはやはり無理だということになるのではないか。さらに押しすすめて、意味論的正しさという概念そのものが空虚であると議論することさえできるかもしれない。

「ちょっと待った。それは性急すぎる」と言いたい読者がきっといるだろう。そう言いたい理由は三つ考えられる。そのうち一つ目はかんたんに退けることができ、二つ目もかんたんにではないが冷静に検討すれば退けられる。しかし三つ目の理由はちがう。意味論的正しさの擁護の望みをたくすにあたいする理由である可能性は大いにある。これらの理由を順番に見ていこう。

第一の理由は、「タヌキ」をタヌキの諸部分という意味で使えば誤用に陥るのはあきらかだ、という理由である。そういう使用では、たとえば、「ショウジョウジにタヌキが一匹出た」と言う代わりに「ショウジジョウジにタヌキがいくつも出た」と言うだろうし、「タヌキは諸部分をもつ」と言う代わりに「タヌキは諸部分である」と言うだろう。こういう発話は奇妙なので、「タヌキ」を正しい意味ではなく奇妙な意味で使っているということがすぐさまあきらかになる、というわけだ。だが、こう考える人は、「タヌキ」は一つの例にすぎないのであって、ほかの語句(「一匹」、「諸部分」、「をもつ」など)も同様のあつかいをうけるのだということを忘れている。その結果、「ショウジジョウジにタヌキが一匹出た」という文を、ショウジジョウジにタヌキの諸部分がタヌキ一匹分出たという意味で使ったり、「タヌキは諸部分をもつ」という文を、タヌキの諸部分がある所には諸部分があるという意味で使ったりする可能性を見のがしている。そういう使用は意味論的にじっさいには誤用とみなされるのだが、これらの語句にとどまらず、そのほかの語句にもかかわるので、関連する語句がそれぞれの「誤用」を隠すようなかたちで体系的に使われれば、第三者の立場からの検証によってそれをあばきだすことはできない。つまり、あれやこれといった特定の語句に限ってではなく、日本語全体に関してその語句の意味を体系的に「誤認」していれば、その「誤認」にもとづいた言葉の使用は、意味論的に正しくなくても第三者の立場から検証することはできない。

第二の理由は、これより洗練されており、すでに出てきた(9)にたよっている。

(9)「タヌキ」の意味はタヌキである。

(9)はあきらかに真で「タヌキ」の使用の意味論的正しさの基盤を言い表しているが、それのみならずトリヴィアルである、と第二の理由をあげる人は主張する。「タヌキ」という言葉に出会ったことがある人なら誰でも理解でき真だとわかり、かつ、真でないことはありえないという意味でトリヴィアルなのだと言うだろう。たしかに(9)は次の(10)の一例であり、(10)の例はすべてあきらかに真である(カッコ内の点々とカッコなしの点々は、同じ日本語の語句にとって代わられる)。

(10)「…」の意味は…である。

たしかに、日本語の語句に関する、この反論しがたい一般的真理にもとづく(9)は、それ自体反論しがたいが、「タヌキ」はタヌキの諸部分ではなくタヌキという意味だという主張を擁護するには役立たない。(9)そのものが日本語の文なので、その意味は(9)にふくまれる日本語の語の意味に左右される。主語の名詞句「「タヌキ」の意味」の「タヌキ」という語は、直接引用符(カッコ)内にあらわれているので、その意味はその名詞句の意味の決定に貢献はしない。その代わり、その語自体がその名詞句の意味の決定に貢献している。直接引用されることによって、すなわち直接引用符のなかにあらわれることによって、自動的にその直接引用句が名指す指示対象になっているのである。直接引用句の指示対象を決定するにあたって直接引用されている語の意味はどうでもいい、ということは「「トラリタポマギネ」」という直接引用句が「トラリタポマギネ」という無意味な文字の列をちゃんと指示しているというまぎれもない事実からあきらかである(たとえば「「トラリタポマギネ」は無意味な文字の列である」は真な日本語の文である)。

その反面、動詞句「タヌキである」のなかにあらわれている「タヌキ」という語は、その意味が(9)の意味の決定に欠かせない。そこにあらわれている「タヌキ」という語の意味次第で、(9)全体の意味が変わるからだ。しかし、目下の論点はそもそも「タヌキ」という語の意味は何かということである。もっと正確に言えば、「タヌキ」という語はタヌキの諸部分という意味ではない、と確定できるのかということである。ということは、(9)内にあらわれている「タヌキ」という語はタヌキの諸部分という意味ではない、と最初から仮定することはできない。そう仮定するのは、論点先どりという論理的誤謬を犯すことになるからだ。

だがしかし、「タヌキ」という語はタヌキの諸部分という意味だという仮説があきらかにまちがっているのは、(10)にくらべて(11)があきらかにまちがっているということから自明ではないのか。

(11)「…」の意味は…の諸部分である。

自明ではない。「タヌキ」の意味はタヌキの諸部分だという仮説は、(11)という一般的な原理にもとづいている必要はなく、たとえば「タヌキの諸部分」という名詞句の意味はタヌキの諸部分の諸部分だという主張にコミットしているわけではない。たとえ「タヌキの諸部分」の意味は「タヌキ」の意味と「の諸部分」の意味から合成された意味だとしてもである。「タヌキ」の意味が「の諸部分」の意味と合成されると、その結果は「の諸部分」の意味が繰り返されない、という可能性を許容するからだ。「タヌキの諸部分」という名詞句の意味はタヌキの諸部分だ、という主張と整合的な仮説なのである。

だが、それは第三者の立場に固執するがゆえに帰結する結論なのではないか。第一人称の立場からは(9)「「タヌキ」の意味はタヌキである」はトリヴィアルに真であるいっぽう、(11)から派生する「「タヌキ」の意味はタヌキの諸部分である」はあきらかに偽ではないのか。もし自分が使う言葉の意味を確認しようとしてモモコが「「タヌキ」の意味はタヌキである」と独り言を言ったとすれば、それはモモコにとって疑いえない真実なのではないか。そして、もし「「タヌキ」の意味はタヌキの諸部分である」と言ったならば、それはモモコにとって自分の言葉の意味を正しく言い表しているとは言えないのではないか。

この反論はかなり説得力があるように見えるが、それは、独り言は他人に向けられた発話や他人から自分に向けられた発話と意味論的に原理的な差はない、ということを見のがしているからである。モモコの使用において「タヌキ」という単語がタヌキを意味しようがタヌキの諸部分を意味しようが、自分の言葉の意味を言い表す文として自分自身に向けて発する「「タヌキ」の意味はタヌキである」という文(9)を、モモコはトリヴィアルに真だと判断するだろう。(9)のそのトリヴィアリティーは一般原理(10)のトリヴィアリティーから派生するが、後者は言葉の意味を自分自身にあきらかにする役には立たない。たとえば「「現象学的還元」の意味は現象学的還元である」は(10)の一例であり、(9)と同じ度合いのトリヴィアリティーをもつ。さらに、もしモモコが自分に向かってそれを発話すれば、それは彼女にとって(9)と同じくらいトリヴィアルに聞こえるだろう。しかし、だからといってモモコは「現象学的還元」の意味を自分自身にあきらかにしたわけではない。(10)の例文を自分自身に向けて発することで言葉の意味を自分自身にあきらかにすることができるなら、意味がわからない言葉などなくなるだろう。

第一と第二の理由によるこれまでの考察では、「タヌキ」の意味はタヌキではなくタヌキの諸部分だという仮説が排除できないままでいる。「タヌキ」という言葉をタヌキの意味で使うのが正しく、タヌキの諸部分の意味で使うのは正しくないという立場が守れていない。第三の理由がその立場を守ることを可能にするかもしれないと言ったが、いよいよそれを見るときがきた。

c　意味と発話傾向

第三の理由は、意味論的正しさについて懐疑的になるのは、意味論的正しさの根拠を個々の言語使用者の内部にもとめるからであって、言語社会全体に目を向ければそのような懐疑は吹き飛ぶという考えである。言語使用者を一人ずつ別々に見れば、言葉の意味が一義的に決定されえないという結論に達するのはもっともかもしれない、という論旨は、算数の言葉を考察することによって明快にするのが手っとり早いだろう。

足し算を学ぶとき児童は、いくつかのかんたんな問題の例からはじめる。１＋１＝?、２＋３＝?、４＋６＝?など。そして児童による正解は奨励、誤りは訂正され、やがて児童は「足し算がわかった」と言われるようになる。足し算をする能力を獲得したと言われるようになる。足し算能力獲得のために使われる足し算の例は、もちろん有限である。使われる数には上限があるということだ。これは算数を習得中の児童に限らず、習得し終わり長年算数能力を駆使しつづけてきた大人にも言える。そういう大人であるモモコを例にとって話をすすめよう。

モモコが足し算能力を習得するにあたって使った例およびいままでの人生でじっさいに計算した個々の足し算のうち、最も大きな数に関するものは125+148=273だったとしよう。つまり、いままでモモコは、125に148より大きな数を足したことはなく、答えが273より大である足し算をしたこともなかったとしよう(125、148、273という三つの数はたんなる例にすぎず、別のいかなる三つの数を例にとっても、あるいは足し算の代わりに別の演算を例にとっても議論の大勢に影響はない、ということを念頭におけば、ここで湧きあがるかもしれないいくつかの憂慮や反論はおのずと消え去るだろう)。さて、そういうモモコに「125+149=?」と問う機会があったとする。その問いはじっさいにはモモコになされずに終わったが、なされえたとする。その場合わたしたちは、もしかりにそう問われた場合モモコが「274」と答えたならばその答えは正しく、別の答え――たとえば「7」――を出したならばまちがいだ、とごく自然に言うだろう。

だが驚いたことに、「7」という答えをまちがいではないとする立場を反駁することは容易ではない。「125+149=?」という問いではなくモモコがじっさいに遭遇したことのある「+」を使った問いに関してはすべて足し算と同じ答えをあたえ、かつ125+149=7とするような演算は足し算ではないので、新しい言葉を導入して「ダシ算」と呼べば、モモコによる「+」という算数言語の記号の使用は足し算ではなくダシ算を意味する、という立場を反駁するのは容易ではないということである。

　ここで「いかなる自然数xについても、x＋0＝x、かつ、x＋S(y)＝S(x＋y)」(Sは後者関数)という公理をもちだして「274」という答えを正当化するのは、二重におかどちがいである。まず、自然数論の公理化という行為そのものが、「125＋149＝274」という答えを仮定したうえでなされているので、論点が先どりされている。またそれとは独立に、公理で使われている後者関数を足し算の場合と同様に非スタンダードなかたちで把握し、後者関数に125＋148をインプットすればアウトプットとして得られる値は7だとすることは可能である。足し算についての意見のくいちがいが、後者関数についても繰り返されうるということだ。自然数論におけるほかの関数やほかの公理をかつぎだしても、この状況は本質的に変わらない。自然数論全体が体系的にゆがめられて解釈されているとわたしたちが主張したい場面で、「125＋149＝7」という答えを正しいとする立場の人は、自然数論全体を体系的にゆがめて解釈しているのは、わたしたちのほうだと主張するだろう。

　モモコ自身はどう言うだろうか。たぶん「7」ではなく「274」という答えを出すだろう。それはもっともなことである。モモコには、「125＋149＝?」と質問されたら「274」と答えるという傾向がある。じっさいにはそう質問されていないが、もし質問されたならばそう答えただろう、という意味で「125＋149は274だと判断する傾向がある」と言っているのである。じっさいには紅茶に入れられていない角砂糖が、もし入れられたならば溶けるだろうという意味で「紅茶に溶けるという傾向がある」と言えるのと同じように。

　この傾向があるということが、「274」という答えが正しい答えだということを保証するのだろうか。意味論の話にもどして言えば、この傾向性が「モモコは「＋」という記号を、ダシ算の意味ではなく足し算の意味で使っている」という仮説を正当化するのだろうか。未使用の角砂糖が（不溶性ではなく）水溶性という性質をもつと言えるのは「もし紅茶に入れたならば（形を保持するのではなく）溶けるだろう」という反事実条件文が真だからだ、というのと類似的に、125＋149を計算したことがないモモコが「＋」によって（ダシ算ではなく）足し算を意味すると言えるのは「もし125＋149＝？と聞かれたならば（「7」ではなく）「274」と答えただろう」という反事実条件文が真だからなのだろうか。

「いや、そうではない」とする、かなり説得的な議論がある。またもや、背理法による議論である。すなわち、もし当のモモコの傾向性が、モモコは「＋」で足し算を意味するという主張を正当化するのに十分ならば、あきらかに正当化されえない主張が正当化されてしまうという議論である。では、そのあきらかに正当化されえない主張とは何か。無数の候補があり、どれでもいいのだが、一つに特定化するためにピーチについての話にしよう。

ピーチには、掛け算に関して独特のハンディキャップがある。9を掛けることが苦手で、とくに4×9を39としてしまう癖がある。彼女の頭のなかでは、答えの10の位に3があると、1の位の6が9に変形してしまうのかもしれない。もっと一般に、6と9の区別がそもそもつきにくいのかもしれない。はっきりした理由は不明だが、とにかく4×9を39とする癖がついてしまっている。つまり、ピーチは4×9を39とする傾向があるということだ。もちろんピーチは、4×9は4を9回足した結果と同じだということを知っており、足し算では同じようなまちがいを犯す癖はない。４×９を３９とする癖は自覚しており嫌でなおしたいのだが、どうにもなおせないでいる。「４×９＝３９」が真であるような演算は掛け算ではないが、そのような演算は数学的に可能である。掛け算と区別して「ガケ算」と呼ぶことにしよう。もしモモコの傾向性が、モモコは「＋」でダシ算ではなく足し算を意味する、という主張を正当化するのに十分ならば、ピーチの傾向性は、ピーチは「×」で掛け算ではなくガケ算を意味する、という主張を正当化するのに十分となる。だが４×９を３９とする傾向にもかかわらず、ピーチは「×」で掛け算を意味しているのである。そうでなければ、自分の癖をなおしたいと思う理由がなくなる。

ピーチのような癖は、掛け算に限らず多かれ少なかれ誰にでもある。だが、そのような癖として習慣化した傾向は、使われる言葉の意味を決定するものではない。「言いちがいをする傾向がある」という言い回しが内的に矛盾しているわけではない、という事実がそれを裏づけている。モモコの発話傾向だけに注目していたのでは、モモコが自分の言葉によって何を意味しているのかを一義的に決定することはできない。言語使用者を一人ひとり個別に考察していたのでは、言語使用によって何が意味されているのかを一義的に決定することはできない。複数の言語使用者どうしのあいだの関係に目を向ける必要がある。

d　意味の社会性

モモコが「＋」でダシ算ではなく足し算を意味するのは、「＋」を使った計算で彼女がじっさいにどういう答えを出したかとか、どういう答えを出す傾向があるかとかいう理由によるのではなく、彼女がメンバーとして属する言語社会のほかのメンバーとの相互行為によるのだ、というのがこの項で吟味する主張である。

「4×9＝?」という質問にピーチが「39」と答えれば、まわりの言語使用者たちは「そうではなくて36だ」と言うだろう。そして、それを聞いたピーチは自分の答えを「36」になおすだろう。「125＋149＝?」という質問にモモコが「274」と答えたら、まわりの言語使用者たちは「そのとおりだ」と言っただろう。そして、それを聞いたモモコはもう一度「125＋149＝?」と聞かれたら、さらに断固とした口調で「274」と答えただろう。ピーチが「×」で掛け算を意味し、モモコが「＋」で足し算を意味するということは、言語社会のほかのメンバーとの相互行為によって決定される、というのはこういうことなのだろうか。

いや、そういうことではない。なぜなら、そういうことは発話行為の傾向性についての論点をこえていないからだ。発話行為の傾向を言い表す条件文または反事実条件文の前件に、言語社会のほかのメンバーたちがもう一つ別のかたちで言及されているにすぎない。「もし4×9は何かと聞かれれば39と答えるだろう」と「もし125＋149は何かと聞かれたら274と答えただろう」と同時に、「もし4×9は何かと聞かれて39と答えたあとでその答えを36になおされれば、36に同意するだろう」という条件文と「もし125＋149は何かと聞かれて274と答えたあとでその答えに賛同されたとしたら、もう一度同じ質問をされた場合さらに断固とした口調で274と答えただろう」という反事実条件文をもち出しているにすぎない。意味論的正しさを発話行為の傾向性によって裏づけよう、という企ての域を出ていない。発話行為の実践や傾向が、ピーチやモモコといった個々の言語使用者の発話行為の実践や傾向であるかぎり、意味規範の社会性をとらえているとは言えない。

言語社会全般の発話行為の実践と傾向に、目を向ける必要がある。すなわち、言語社会のメンバーたちみんながどういう発話行為を実践し、どういう発話行為をする傾向にあるかに注目する必要がある。ピーチは、自分が属する言語社会内で「×」がもつ意味を、自分が使う「×」の意味とする、という意味論的意志にもとづいて「×」という記号を使っている。これが、「4×9＝？」に「39」と答えがちだという傾向にもかかわらず、ピーチが「×」で（ガケ算ではなく）掛け算を意味するということの根拠である。同様にモモコも、自分が属する言語社会内で「＋」がもつ意味を、自分が使う「＋」の意味とする、という意味論的意志にもとづいて「＋」という記号を使っているので、じっさいに125＋149を計算したことがないにもかかわらず、かつ、もし計算したなら「7」と答えたかもしれないとしても、モモコは「＋」で（ダシ算ではなく）足し算を意味するのである。

言葉の意味は、まず言語使用者一人ひとりの内から発生し決定され、それから言語社会に広まっていって多くの言語使用者に共有されるにいたる、というのではなく、まず言語社会全体において発生し決定され、それからその言語社会の個々のメンバーに浸透していくというわけである。これは、「天王星」と「海王星」が別々の天体をさすということは知っているが両者のちがいがわからない人が天文学者の知識にたよるとか、「鳥取県」と「島根県」が別々の地方自治体をさすということは知っているが両者のちがいがわからない人が鳥取県人または島根県人に教示をうけるというようなことより、はるかに過激な意味での社会性である。

そもそも一般的に人間は社会的動物だという観点からすれば、この意味論的正しさの社会性はもっともだと思われる。当たり前だとさえ言う人もいるかもしれない。しかし、ここで見のがしてはならない点が一つある。それは、言語社会をふくめた人間社会一般は、個々の人間から成っているという事実である。国家は個々の国民から成っている。もちろん、国家について言えることが、すべて個々の国民について言えるわけではない。たとえば、輸入品に関税をかけたり隣国と平和協定を結んだりするのは、国家にはできるが個々の国民にはできない。にもかかわらず、国家がすることとは、国民がすることの総和以外の何ものでもない。国家が隣国と平和協定を結ぶということは、その国家を代表する国民または国民のグループが、国際法にもとづく一連の行為をするということにほかならない。その国の国民一人ひとりの行為をすべて完全に把握できたなら、その国が隣国と平和協定を結んだかどうかわかるだろう。言語社会も同じことで、言語社会全体がこれこれの語句をこれこれの意味として使ったり使う傾向にあったりするのは、個々のメンバーがそれらの語句で何を意味するかによるのではないのだろうか。そうではないとしたら、言語社会による語句の使用や使用傾向という概念そのものがミステリアスになる。

モモコが使うかぎりで「タヌキ」という言葉がタヌキを意味するかタヌキの諸部分を意味するか決定できない、という議論を先に見たが、話をモモコから言語社会全体に広げても、その議論の論調に影響はないように思われる。モモコが属する言語社会で一般的に「タヌキ」がタヌキの諸部分の意味で使われている、という可能性は排除できないように思われる。第三者の立場から見た言語使用者たちの言語行為をいくら集めても、それが「タヌキ」の意味はタヌキの部分でないという結論に必ずしも導かないということは、モモコについての考察からすでにあきらかだろうし、第一人称的考察はそもそも社会性を抽象し去ったうえでの考察なので助けにはならない。

ということは、個人個人による発話行為のレベルでの言葉の意味は、言語社会全体のレベルで決まるが、言語社会全体のレベルでの言葉の意味を決定する要因、あるいは基礎づける基盤はありそうもないということである。言語社会内にそのような要因や基盤がないだろうということはすでに見たし、言語社会の外にそのような要因や基盤があるとは考えにくい。意味論的正しさは、言語社会の構成メンバーたちの相互言語行為によって裏づけられているが、言語社会によるその裏づけ自体はさらなる裏づけをもたず、いわばささえなしに空中に浮遊しているようなものなのである。社会的規約によってその機能とリアリティーがささえられている通貨のようなものだ、と言ってもいいかもしれない。

2 意味規範の任意性

意味論的正しさの社会性は倫理的正しさを思いおこさせるかもしれない。個人の行為の正しさが、何らかのかたちで社会全体から規制されあるいは裏づけられているという共通点はある。だが意味論的正しさは、倫理的正しさからある重要な点で決定的にことなる。それは意味規範の任意性である。

「タヌキ」という単語とタヌキという動物のあいだに必然的なつながりはない。「た・ぬ・き」と発音される単語が*Nyctereutes procyonoides*(タヌキの学名)を指示せねばならない、という言語学的法則あるいは動物学的法則などありはしない。*Vulpes vulpes*(アカギツネの学名)を指示してもいいし、*Suricata suricatta*(ミーアキャットの学名)を指示してもいい。いかなる動物も指示せず、動物界とは無関係なもの——たとえば黄鉄鉱——を指示してもいい。また、何も指示しない無意味な音の羅列であることも可能だ。それにくらべて、幼児虐待が倫理的に許されない行為だということには、同様の任意性はない。たまたまこの社会で幼児虐待が倫理的に許されないのではなく、幼児虐待という行為そのものが、倫理的に許されないという本質をもつ行為だということである。たとえすべてのメンバーが幼児虐待を容認するような社会においても、幼児虐待は倫理的に許されない行為であることに変わりはない。そのような社会は、倫理に反する人々から成っている社会だということである。

ここで法的な規範をもち出そう。法的な規範は、意味論的な規範と倫理的な規範の中間に位置するので、比較対象として好都合なのである。(倫理的義務主義によると)倫理規範が無条件に行為を処方したり制限するのに対し、法的規範は条件的に行為を処方、制限、または許容する。意味論的な規範は条件的に発話行為を処方、制限、許容するので、その点で法的規範に類似する。たとえば、「無条件にいかなる状況下でも「タヌキ」と言うべし」ではなく、「もしタヌキを意味したいなら「タヌキ」と言うべし」と処方し、「いかなる場合でも「キツネ」と言うべからず」ではなく、「もしキツネを意味したくないなら「キツネ」と言うべからず」と制限をする。そのいっぽう、議会などによって恣意的に決定され、明確に法文として述べられている法律で定義される法的規範とちがって、自然言語語は、言語社会の構成メンバーたちの恣意的な決定によって生まれ持続するものではない。この点で、自然言語の意味論的規範は、倫理的な規範と類似していると言えよう（アカデミー・フランセーズによるフランス語の意図的な操作はきわめて稀な例外であり、また Javascript などの人工言語はゼロから恣意的に作られているので、この点に関して自然言語と一緒くたにすることはできない）。しかし、意味論的規範と倫理的規範の類似点はこの域を出ない。

おしなべて言えば、意味論的規範は、倫理的規範より法的規範との類似のほうが大きい。「公道では自動車は左側を走るべし」という法律には必然性がない。「公道では自動車は右側を走るべし」という法律にとって代わられてもいい。現実に、前者の法律がある国と後者の法律がある国があり、どちらも同じように順調に交通が流れているという事実が、そのような法律の任意性を端的に示している。日本語を使う言語社会でキツネを意味したいなら「キツネ」と言うべきであるいっぽう、英語を使う社会でキツネを意味したいときは「fox」と言うべきであるという事実が、そのような意味論的規範には必然性がなく任意的だということを端的に示しているのと同じである。法的規範と共有するこの任意性が、意味論的規範の相対性を如実に表していると言っていいだろう。

順調な交通の流れを達成・維持するという目的のためには、自動車が走るべき側はどちらかに決め、みんながそれに合意する必要がある。左側に決める必然性はない。右側に決める必然性もない。どちらかいっぽうに決める必要があるだけである。どちらかに決めたらみんながそれに同意しそれに従った行動をする必要がある。そうすれば順調な交通の流れという目標が達成でき、そうしなければその目標は達成できない。同様に、キツネを意味していると理解されたい人がそう理解される、という目的のためには、キツネを意味する言葉を決め、みんながそれに合意する必要がある。「キツネ」という単語に決める必然性はない。キツネを意味する何らかの単語があればいい。その単語は「キツネ」という単語だと決めたらみんながそれに同意しそれに従った行動をする必要がある。そうすれば順調な意味伝達(キツネという意味の伝達)という目標が達成でき、そうしなければその目標は達成できない。

意味論的規範のこの任意性が、意味論的な正しさをある意味で「軽い」ものにしている。その基盤が恣意的だという意味で軽いのである。人間の本性から自然に湧き出る道徳感情や道徳信念に裏づけられた、倫理的な正しさの「重み」はない。「キツネ」という単語がキツネを意味しようがタヌキを意味しようが別の何かを意味しようが、あるいは何の意味もなかろうが、どうでもいいのである。あたえられた特定の言語に、キツネを意味する単語がなければならないという必然性もない。もちろん、これは人間の本性は言語を必ずしも必要としないということではない。何らかの言語をもつということは、人間の本性にとって欠かせないことかもしれない。そして、あたえられた特定の言語においては、特定の言葉がある特定の意味をもつということに何らかの必然性があるかもしれない。しかし、特定の音や文字などが特定の意味をもつということには何の必然性もない。意味論的な正しさは、特定の音や文字などが特定の意味をもつということなしには成立しえないので、たまたま成り立っている言語的事実に完全に依存しているというかなり強い意味で軽いのである。

言葉の意味に即した言語行為の有用性はあきらかなので、意味論的な正しさは、軽いが有用である正しさの典型的な一例だと言えるだろう。そして、すべての自動車が公道の片側だけを走ることの有用性はあきらかなので、「公道では自動車は左側を走行すべし」という法律にもとづいた法的な正しさは、軽いが有用である正しさのもう一つの典型例だと言える。

言語や法律とは別の領域で、軽いが有用である正しさのさらなる例を見出すことができる。それは、「認識論的な正しさ」とでも呼べる、知的営みはもとより、料理、建築、商業、そのほか諸々の日常的または非日常的活動にかかわる種類の正しさである。次の章でそれについて検討するが、その前に言語のほかの側面についてかんたんに見ることにしよう。

3　そのほかの言語的な正しさ

言葉の意味は言語の一つの側面なので、意味論的な正しさは、言語的な正しさの一種類である。意味論的正しさを、ほかの種類の言語的正しさから区別することは大事である。言語における意味以外の側面は数多くあるが、統語論、表現論、語用論の三つに限定して見ることにしよう。

a　統語論的な正しさ

これは、一般に「文法」と呼ばれる領域における正しさのことである。統語論的な正しさとは、文法の規則に従っているということにほかならない。文法の規則とは、自然言語に関するかぎり、その言語を母語とする言語使用者の言語使用を体系的に説明するにあたって理論的に作られた規則のうち、（おおまかに言って）単語の組み合わせに関するサブ理論に属する規則である。「トキコはトキオの自転車のまわりを反時計回りに旋回している」は統語論的に正しいが、「いるして回りトキオ反はのの旋回自転車トキコをにまわり時計」は統語論的に正しくない。前者の文はあきらかに統語論的に正しく、後者の言葉サラダはあきらかに統語論的にまちがっているが、統語論的正しさが即座に明確ではない例もめずらしくない。「あなたの左耳の横は八日前に行くだろう山の上の雰囲気らしい」は統語論的に正しくないようにわたしには思えるが、ほかの日本語使用者は正しいと思うかもしれず、わたしにわからないだけで本当は正しいのかもしれない。

文法規則を大幅に破った発話は、言葉として役に立たない。発声練習の役には立つかもしれないが、それは純粋な音の羅列としての有用性であって、意味内容をふくむべき言葉としての有用性ではない。文法規則を大幅でなく少しだけ破った発話、とくに文法規則をある一定のメタ規則に従って破った発話は必ずしも言葉として役立たずではない。詩がいい例だ。散文と韻文のちがいの一つは、韻文は、統語論的な正しさを意識的に無視してよしという暗黙の許可のもとで作られる、ということだと言っていい。役立たずどころか、詩の言葉の効果を高めるために、統語論的な正しさをあえて無視することが必要なことはよくある。

文法的なまちがいと意味のまちがいは別の種類のまちがいである。すなわち、統語論的正しさと意味論的正しさは別の種類の正しさだということである。

b　表現論的な正しさ

音韻論的な正しさとは、発音の正しさである。正書法的正しさとは、表記法つまり書き方の正しさである。どういう音をどういうふうに発するか、どういう文字をどういうふうに書くか、ということに関する正しさである。一つの言語社会のなかでは、個人差はあるものの、発音と表記にはかなり高い程度の共通性がもとめられる。そうでなければ伝達手段としての言葉の機能がそこなわれる。これが表現論的な正しさの存在理由である。言葉の表現として何が正しく何が正しくないかが決まっていなければ、そして言語使用者一般にそれが理解されていなければ、意思伝達のみならず個人間のいかなる言葉のやりとりもできない。言語の社会性のあらゆる側面の根底をなすのが表現論的な正しさだと言えよう。

発音や書き方のまちがいと意味のまちがいを混同する人はいないだろう。表現論的正しさと意味論的正しさのちがいは誰の目にもあきらかである。

意味論的正しさについて語るにあたって無視できないのは、一つの文あるいは語句の内部での意味論的な不調和である。たとえば「ハナコはヒナコの姉の娘だがヒナコの姪ではない」、「窒素分子は11より大で17より小の素数である」、「この石はワインのことを考えている」、「マサカリかついだ桃太郎」などにはすべて内部に何らかの意味の不調和がある。最初の例は、「姪」という語の定義に反するという意味で意味論的に不調和である。二番目の例は、定義上の矛盾というよりも、カテゴリーの相反性をあらわにしている。「窒素」という物理的実体のカテゴリーをしめす語と、「素数」という数学的実体のカテゴリーをしめす語が一緒くたにされている、という意味で意味論的に不調和なのである。三番目の例には、さらに弱い意味での意味論的不調和がある。「石」という語は無生物というカテゴリーをしめすという意味論的事実と、無生物は思考できないという一般に広がった常識的意見が衝突している、という意味で不調和なのである。最後の例は、このなかで最も弱い意味での不調和な例だと言えよう。「マサカリ」という語の定義には桃太郎にかつがれることを排除する要素は何もないし、人工の道具というカテゴリーと桃太郎にかつがれる物というカテゴリーのあいだに相容れない要素は存在しない。この名詞句の不調和性は、「マサカリかついだ」という修飾句と「桃太郎」という固有名の結合が、「マサカリをかつぐのは金太郎である」とする日本の童話の語りの伝統に反するという意味での不調和である。意味論的不調和というよりも、むしろ語用論的不調和と呼んだほうが適切かもしれない。

c　語用論的な正しさ

あたえられた特定の言語について、統語論、表現論、意味論という三つのサブ理論を区別したうえでここまで話をすすめてきたが、もう一つのサブ理論を考慮することが(とくに自然言語の理解には)たいせつである。それは「語用論」と呼ばれるサブ理論で、言葉の発話行為に焦点を絞って理論的体系化をめざすものである。「語用論」と呼ばれるからには言葉の使用すべてをあつかうのだろうと思うかもしれないが、そうではなく、個人と個人のあいだの発話行為以外の言葉使用はあつかわない。とくに、一個人の思考における言葉の使用はあつかわない。

言語の本質を思考の道具としての有用性とみなす理論家にとっては、語用論は言語の本質的ではない側面を考察するサブ理論でしかなく、音韻論や正書法などの表記論とならんで、たまたま社会的に必要だが原理的にはとり去っても、言語を言語たらしめる本質は失われることはない。それに対し言語の本質を伝達の道具としての有用性とみなす学者にとっては、語用論なしの言語理論は、恋愛描写を削除した源氏物語のようにまったく満足のいかないものである。ここでは語用論の理論的重要性を正確に位置づけようとする企てはしない。正確な位置づけがどうあれ、言語理論のサブ理論としての語用論の重要性はあきらかなので、人間の自然言語の本質をなすかどうかにかかわらず話をすすめる。

統語論的に正しく使われている言葉が、語用論的にまちがって使われることがあるのはあきらかである。たとえば、モモコが「新しい超音速ジェット機はバッハ６で飛行できるそうだ」と言ったとすれば、たぶん彼女は「バッハ」ではなく「マッハ」と言うべきだったのだろう。作曲家のバッハと物理学者のマッハを混同していなくても、「マッハ」を「バッハ」と発音してしまう癖があるためにそう発話したのならば、それは表現論的にまちがっていることになるが、音韻論的な癖からではなく作曲家と物理学者を混同してそう言ったのならば、「マッハ」という名前を「バッハ」と発音しちがえたのではなく、「バッハ」という名前を「バッハ」と正しく発音したことになるので、表現論的には正しいが語用論的にまちがっている。この後者の場合モモコは音速の単位として「バッハ」を使っているので、意味論的にもまちがっている。ある特定の意味をもたない語句を、その意味をもつものとして使っているからだ。

名前だけでなく、ほかの品詞の言葉も同じように意味論的にまちがって使われることはもちろんある。たとえば、沸かしていた水の温度が沸騰点に達した状況を「ゆゆしい」と形容したり、湿気で湾曲して閉じたままだったドアが、乾燥した天気つづきで「開きなおった」などと言うような場合である。

統語論的や表現論的に正しいだけでなく意味論的にも正しい言葉の使い方で、語用論的にまちがった使い方もある。言葉のそういう使用は、じっさいのところ日常茶飯事である。たとえば、あなたが向かい合っている相手の、あなたから見て右のイヤリングがなくなっているのに気づいて、その人に「右のイヤリングがない」と言ったとする。その相手が右手で右耳たぶをさわったならば、あなたの発話行為は語用論的に完全に正しいとは言えない。相手の立場からではなく自分の立場から見て左右を区別して言葉を発したので、伝えようとする内容が正確に伝えられていない。だからといって、「右」という語をまちがった意味(たとえば左という意味)で使ったわけではない。

また、伝えようとする内容は正確に伝えられているにもかかわらず、語用論的にまちがっている発話もある。最近ふとった配偶者に「最近ふとったように見えるかどうか、正直に言って」とたのまれて正直に「ふとったように見える」と答えるのは、意味論的に正しいし、伝えたい内容もちゃんと伝わっているにもかかわらず、相手の期待していた発話ではない。むしろ伝えたい内容が伝わっているからこそ、相手の期待を裏切る発話になっているのであり、その結果スムーズな会話の継続がむずかしくなる。意図した内容が伝わっているという意味では語用論的にまちがってはいないが、会話を頓挫させるという意味で語用論的に正しくない。してはいけない発話なのである。

意味論的正しさと語用論的正しさのあいだには、これらの例が示唆するよりもっと複雑な関係がある。たとえば、ある化学研究所が、新しい研究者を雇うにあたって面接試験をしたとしよう。そして面接のあと新規採用委員会議で、ある委員が受験者の一人について意見をもとめられたとき、「髪につやがある」とだけ言ったとしよう。その受験者がじっさいにつやのある髪をしているならば、この委員の発言の意味論的正しさや事実に関する正しさを疑う余地はないが、語用論的正しさは、発言の場で暗黙に仮定されているルールに大きく左右される。新規採用委員会議の目的は誰を雇うかを決めることなので、その目的にそった発言が奨励され、そうでない発言は抑制される。もしこの委員の発言が文字どおり理解され、それ以上のふくみがないのなら、それは委員会の目的にそっていないという意味で語用論的に正しくない。

だが、あえて委員会の目的にそわない発言をすることによって、委員をつづける意志がないことを暗にしめそうという個人的な意図があったとしたら、その意図にかなう発言行為だという意味では語用論的に正しいと言える。また、新規採用委員会という場で「髪につやがある」という突拍子もない発言をすることによって、つやのある髪以外に良しとする点は見あたらないという趣旨を伝え、当の受験者の資格欠如を、あからさまにではなく間接的に指摘したいという意図があったならば、ほかの委員がその意図をくんでいるかぎりその発言は語用論的に正しい。だが、何らかの理由でほかの委員がその意図をくむことができないならば、語用論的に正しくない結果に終わる発言だと言わねばならない。

キエフ生まれでアメリカに帰化したピアニスト、ヴラディミア・ホロウィッツが、コンサートのあと楽屋に訪ねてきたファンに開口一番「きれいなネクタイですね」と言われてイヤな気もちになった、というエピソードがある。渾身の力をこめて弾いたピアノのコンサートの直後になされた、ネクタイ以外にほめるところがないと言わんばかりの発言に憤慨したのである。憤慨させようという意図でなされた発言だったとしたら(社交的には礼儀を欠く行為だとしても)、語用論的に正しい発言だったが、クラシック音楽鑑賞に不慣れなあまり差し障りのないコメントをしたつもりだったとしたら、語用論的に正しくなかったと言わざるをえない。

意味論的な正しさと語用論的な正しさのコントラストが、とくにあからさまになるのが「皮肉」である。出された料理を食べて、とてもまずいと思いながら「涙が出るほどおいしい」と言った場合、「とてもまずい」ということを伝えたいにもかかわらず、その正反対の意味の文を発話するのは、皮肉を意図しているからにほかならない。「涙が出るほど」という誇張を混ぜることによってまずさの度合いが強調され、皮肉独特のドライユーモアの効果が増している。

人間の営みから生まれる規則に制御された行為についての正しさで、言葉に関する正しさよりもさらに恣意的な種類の正しさがある。それについて、次の章で検討しよう。

第 6 章

量計測に関する正しさ

わたしたちはいろいろなことを知っているが、その一種に、量に関する知識がある。ものの長さ、重さ、密度、温度、また状態やできごとの持続期間の長さなどの知識である。こうした量に関する知識は、各々の量の種類に独特の単位にもとづいている。これらの単位の使用に依存することによって、わたしたちの知識は認識論的軽さを露呈することになる。

単位にもいろいろあって、ほかの単位に依存するものが多くある。密度は重さの単位と長さの単位に依存するし、光年は速度の単位と時間の単位に依存する。単位のあいだのそうした関係は話をややこしくするだけなので、ほかの単位によって定義されるのではない単位、すなわち「原初的」と呼べる単位を例にとって話をすすめることにしよう。原初的な単位のなかでも、本章のトピックとしてとくに適しているのが質量の単位である。

1 キログラム原器

質量の単位にもいろいろあるが、自然科学界で万国共通の「キログラム」に焦点を絞ることにしよう。キログラムは、国際単位系のなかで人工物によって定義されている唯一の単位であり、その人工物はフランスのパリ郊外の国際度量衡局に保存されている「国際キログラム原器（ＩＰＫ）」と呼ばれる金属の塊で、プラチナとイリジウムの合金である。キログラムはＩＰＫの質量として定義されている。すなわち、すべての物体の質量は、ＩＰＫの質量の比率として確定される。ＩＰＫと同質量ならば1キログラム、ＩＰＫの半分の質量ならば５００グラム、ＩＰＫの１００倍の質量ならば１００キログラムなどというふうに。一般に、質量をもつ任意の物体ｘの質量をM_Xとすれば、M_XはＩＰＫの質量M_{IPK}の比率として次のように定義することができる。

（1）　$M_X = N$キログラム　$\underset{\text{def}}{\leftrightarrow}$　M_XはM_{IPK}のかっきりN倍である。

「A $\underset{\text{def}}{\leftrightarrow}$ B」は「Aであるということは、Bであるということとして定義される」という意味なので、（1）は「ｘの質量がNキログラムだということは、ｘの質量がＩＰＫの質量のかっきりN倍だということとして定義される」と言っているのである。

質量の定義として(1)は問題ないように思われるかもしれない。だがじつは(1)に対する反論が二つあるのだ。一つ目の反論は、(1)は「$M_X = N$キログラム」という定式を使っており、それは質量をもつ任意の物体の質量はキログラムで表すことができると仮定しているが、この仮定はうけ入れることはできない、というものである。この反論のささえになるのは、「M_{IpK}」という記号の使用は許せないという主張である。なぜ許せないかというと、もし許せばM_{IpK}はキログラムで表せることになるが、じつのところM_{IpK}はキログラムでは表せないのだというのである。もしM_{IpK}がキログラムで表せるとすれば、それは「1キログラム」となることはあきらかだが、ＩＰＫは1キログラムだと言うことはできない。そればかりか、1キログラムではないと言うこともできない。「キログラム」という概念そのものの定義をあたえている原器それ自体について「キログラム」という概念を使って語ることはできない、というわけだ。この議論に説得力はあるだろうか。

説得力はない。もちろん特定の議論に説得力がないからといって、その議論の結論が偽だと決めつけるのはよくない。その同じ結論をもつ別の議論があって、その別の議論には説得力があるかもしれないからだ。だがここでは、この議論には説得力がないのみならず、その結論はあきらかに偽である。この議論の中心になっているのは、概念を定義するのに使われる物体はその概念の適用に関する判断の対象にならないという考えだが、この考えにはまともな裏づけがなく、概念定義のポイントがないがしろにされている。

一般にすべての概念にはそれ特有の適用範囲があり、その範囲の外にあるものに対してはその概念は意味をなさず、範囲の内にあるものすべてに対しては意味をなす。たとえば「融点」という概念について言えば、個体と液体という二つの状態が可能であるようなものの集合がその適用範囲である。なので、電磁場や自然数などについてはその概念は意味をなさないいっぽう、個体と液体の状態になりうるものすべてには意味をなす。「責任感が強い」という概念は、信念や意志といった高レベルの心理状態が可能であるようなものの集合がその適用範囲であるので、無生物や微生物などについては意味をなさないが、あなたやわたし程度のレベルの心理主体すべてには意味をなす。

では「キログラム」という概念の適用範囲は何なのだろうか。「融点」や「責任感が強い」という概念よりはるかに幅広い適用範囲であることはあきらかである。自然数や位相空間などは除外されるが、質量があるものならばすべて適用範囲に入る。そして適用範囲に属するものならば何でも（1）におけるｘの値になりうる。すなわち、質量がありさえすれば（1）によってその質量が定義されるのである。さて、ＩＰＫがマクロの物体であるということは誰の目にもあきらかである。そして、すべてのマクロの物体には質量がある、ということも同様にあきらかである。ということは、ＩＰＫには質量があり、その質量は（1）におけるｘの値になりうる、すなわち、ＩＰＫは「キログラム」という概念の適用範囲内にあり、その質量M_{IPK}はキログラムで表せるということである。

ＩＰＫの質量はキログラムで表すことができるどころか、その値が1キログラムであるということは自明だ。そもそも質量の単位である「キログラム」の定義に使われる物体に質量がない、あるいはその質量が「キログラム」で表せないなどということは奇妙奇天烈ではないか。その物体の質量を1キログラムとする、というのが「キログラム」の定義ではないのか。そして、そうならば、その定義をうけ入れるかぎり、その物体の質量は1キログラムだということをうけ入れないわけにはいかない。「その物体の質量を1キログラムとするが、その物体の質量は1キログラムではない」は自己矛盾以外の何ものでもない。

というわけで、(1)に対する一つ目の反論は、かんたんに退けることができると思われる。にもかかわらず、この反論の根底にあるアイデアは根強いので、(1)への二つ目の反論とそれにつづく論議を見たあとで、もう一度少し別の角度から検討することにしよう。

(1)に対する二つ目の反論は、(1)は「質量」という概念を定義するにあたって「質量」という概念を使っている、という反論である。概念の定義のなかに当の概念が出てきてしまっては、定義が循環的になってしまい、その概念をすでに把握していない人には理解不可能に終わる。

人間の概念体系はいくつかのことなるレベルから成り、体系の最も深い根底をなすレベルにある諸概念は循環的定義以外の定義はできない、とする立場があるが、それはかなり論議をよぶ立場である。また、かりにその立場をとったとしても、「質量」という概念が人間の概念体系の根底をなすレベルの概念かどうかは十分疑うことができる。よって、(1)が「M_{IPK}」という記号を使っているという事実、すなわち、「IPKの質量」という概念を仮定しているという事実は、「質量」という概念の定義としての(1)にとっては欠陥なのである。

これが(1)への二つ目の反論である。では、その欠陥をとり除くことはできるのだろうか。うまいことに、できるのである。(1)を次のように定式化しなおせばいい。

(2)　M_x＝Nキログラム $\updownarrow_{def}$ xはIPKよりかっきりN倍重い。

任意の物体xの質量M_XがNキログラムだということを、M_XはIPKの質量M_{IpK}のN倍だということとして定義するのではなく、xはIPKよりN倍重いということとして定義するのである。すなわち、M_XとM_{IpK}のあいだに「…は…のかっきりN倍だ」という関係が成り立つとして定義するのではなく、xとIPKのあいだに「…は…よりかっきりN倍重い」という関係が成り立つとして定義するのである。(1)でのように、二つの関係項が質量ならば定義は循環におちいるが、(2)ではいずれの関係項もxとIPKという物体であり質量ではないので、循環性はない。

また、「N倍重い」という関係の概念は、「質量」という性質の概念を仮定してはいないということにも注意しよう。ハナコがミキオより足が速いということを確認するのに、一定の距離(たとえば100メートル)をハナコが何秒で走れてミキオが何秒で走れるか、を確認する必要がないのと同じである。ハナコとミキオを競争させて、ハナコが勝つのを確認するだけでいい。両者の相対的速度を測ればいいのであって、各々の速度を独立に測る必要はないのである。

というわけで、物体の質量は、キログラムの定義(2)を使うことによって、悪循環なしに決定することができる。IPKよりかっきり何倍重いかを決定すればいいのである。このように、物体の質量の認識はかんたんであるように思われる。だがしかし、じつは大きな問題がある。物体の質量を正確に認識することはできない、という趣旨の議論があるのだ。物理的測定には精度の限界がある、というような経験科学的な議論ではなく、正確な測定は原理的に不可能であり、その不可能性は質量測定という概念そのものから帰結するという議論なのである。では、その議論を見てみよう。

2 正確な質量

あたえられた物体が何キログラムかということは、その物体をxとし、(2)におけるNの値を算出すればわかる。その物体がIPKよりかっきりN倍重ければNキログラムであり、NキログラムならばIPKよりかっきりN倍重い。NキログラムだということとIPKよりかっきりN倍重いということは同値なのである。たとえばN＝17だとしよう。ならば、その物体の質量は17キログラムだということになる。これがわかれば、その物体の質量が正確にわかったことになるのではないのか。いや、そうではない。一つ重要なことが抜けているのである。

IPKの代わりに、わたしの台所にある、まな板を質量計測の基準として使ったとしよう。「キログラム」という単位はIPKによってすでに定義されているので、別の単位にする必要がある。その目的のために「マナ」という造語を新しく導入して、そのまな板を「IPM」と呼び、次のような定義をしたとしよう。

(3)　$M_X = N$マナ $\overset{\text{def}}{\Leftrightarrow}$ xはIPMよりかっきりN倍重い。

(2)がキログラムの定義として問題ないならば、(3)もマナの定義として問題ないはずだ。マナを単位として使って、いろいろなものの質量を決めることができるだろう。台所にあるカボチャは

2マナ、居間のソファは94マナ、そのソファにすわっているイグアナは31マナ。これがわかれば、カボチャ、ソファ、イグアナの質量がマナ単位でわかったことになる。

「いや、正確にわかったとは言えない」という主張がここで出てくる。カボチャの質量が2マナだということがわかったとしても、それはカボチャの質量が正確にわかったことにはならないという主張である。なぜならないかというと、質量が2マナだということは、(3)により、IPMよりかっきり2倍重いということ以外のことは意味しないので、IPMよりかっきり2倍重い質量がいかなる質量なのかが正確にわからなければ、カボチャの質量は正確にはわからない。

IPMを手に取れば、その質量は大まかにはわかる。だがそれだけでは正確な質量はわからない。「正確に1マナだ」と言っても、正しいが助けにはならない。「IPMはIPMと同じ質量だ」以上の情報をあたえてくれないからだ。カボチャがそのIPMのかっきり2倍の質量だということがわかっても、大まかにしかわからない質量のかっきり2倍だということがわかるだけで、正確な質量はわからない。IPMとの関係がわかるだけで、カボチャ自体の質量という内的な性質についての正確な知識は得られない、というわけである。

「マナという奇妙な単位を使った質量についての判断なので、そのようなことになるのであって、キログラムという単位を使えば、大まかでない正確な質量の知識が得られる」という意見があるかもしれない。そのような意見は信頼にあたいするだろうか。そもそも、マナという単位が奇妙だという主張の根拠は何か。台所のまな板を測定基準となるIPMとして使うことが奇妙だとすれば、そうすることのどこが奇妙なのか。まな板が物体として奇妙なわけではないし、台所にあるということもとくに奇妙ではない。台所もまな板も、ごくふつうにある日常的な物体である。

その日常性そのものが、まな板をＩＰＭとして使うことの奇妙さを生むのかもしれない。もしそうだとしたら、そのまな板を台所から出し、そのほかの日常的環境すべてからも隔離して特別に用意された環境におけばいいだろう。また、まな板の素材が質量測定基準となる物体の素材としては不適切だというならば、適切な素材で製造した板を想像すればいい。そもそも料理に使うとか台所にあるとかいうのはＩＰＭの本質的な性質ではないので、ＩＰＭがまな板でなければならない必要はさらさらない。ＩＰＭは質量測定基準の物体として、ＩＰＫと同じくらい制御された工程で製造され制御された環境に保管されているものとして想像すればいい。純粋に質量の単位として見れば、マナはキログラムより奇妙でも奇天烈でもない。歴史的にたまたまＩＰＫが実現され使いつづけられているので、わたしたちはキログラムという単位に慣れているというだけのことであって、「質量」という概念に、「キログラム」という概念が、ほかの単位概念にはない特権的関係をもつわけではないのである。

一つのカボチャについて、それが何々キログラムだという判断のほうが何々マナだという判断より正確かどうかは、キログラムという単位を使っているかマナという単位を使っているかの問題ではない。使われている単位質量の何倍の質量をそのカボチャがもっているかの計測の精密さの問題である。よって、キログラムを使った質量の計測が精密だという理由でキログラムによる判断が正確であるのならば、マナを使った計測が同じくらい精密になされたならば、マナによる判断も同じくらい正確である。

つまり、マナとキログラムは同等にあつかわれるべきなのである。ということは、選択肢が二つあるということになる。「マナによってもキログラムによっても、物体の質量は正確にはわからない」と言うか、「マナによってもキログラムによっても、物体の質量は正確にわかる」と言うか、どちらかである。

物体の質量がマナやキログラムによって正確にわかるためには、ＩＰＭやＩＰＫの質量が正確にわからなければならない。手に取っただけでは質量は正確にはわからない。そもそも、質量が正確にわかるというのは、どういうことなのだろうか。それは質量を正確に表示するということにほかならないとしよう。ならば、物体の質量をマナ単位で正確に表示すれば、その物体の質量が正確にわかったことになる。マナの代わりにキログラムを単位として使っても同様である。したがって、ＩＰＭの質量を正確に「１マナ」と表示できるということから、ＩＰＭの質量が正確にわかるという結論が出る。同じように、ＩＰＫの質量を正確に「１キログラム」と表示できるということから、ＩＰＫの質量が正確にわかるという結論が出る。

だが、もしＩＰＭの質量が正確にわかるということが、それまで知らなかったことを正確に知るということを含意するとしたらどうだろう。そうだとしたら、ＩＰＭの質量をマナで表示しただけでは、ＩＰＭの質量が正確にわかったことにはならない。ＩＰＭがＩＰＭのかっきり1倍の質量だということは、ＩＰＭの質量がどのくらいかまったくわからなかったときでも、すでに知られていたことだからだ。

では、単位にマナを使うことを避け、キログラムを使ったらどうか。ＩＰＭはこれこれキログラムだと正確に表示すれば、それまで知らなかったことを正確に知ることになるのだろうか。たしかに、マナの定義を理解するためにキログラムのことを知る必要はないので、それまで知らなかったことを知ることになる。もちろん、もしかりに「キログラムとは何か?」という問いかけに答えるにあたって、IPKの質量をこれこれマナだと表示していたとすれば、キログラムによる表示はマナによる表示に還元されるので、それまで知らなかったことではなくなる。

なので、IPMの質量をキログラム単位で正確に知るためには、キログラムはマナに概念的に先行する、より基本的な単位でなければならない。まったくパラレルの理由により、IPKの質量をマナ単位で正確に知るためには、マナはキログラムに概念的に先行する、より基本的な単位でなければならない。キログラムがマナに先行し、かつマナがキログラムに先行する、ということは不可能なので、どちらかの単位がより基本的にならざるをえない。よって、IPKとIPMの質量を、両方とも正確に知ることはできない。いかなる物体の質量も、それを正確に表示するためには究極的に基本的な単位にたよらざるをえないので、わたしたちは「物体の質量の正確な知識は不可能だ」と言うか、あるいは「物体の質量の正確な知識は可能だが、それはある重要な意味で「軽い」知識である」と言うか、どちらかなのである。では、どちらを選べばいいのか。前者は常識や自然科学の実践に則さず、不必要に挑発的であるように思われるので、後者を選ぶのがいいだろう。

重量とちがって質量は、外部(重力場)との関係ではなく、物体の内的な性質である。にもかかわらず、物体の質量の計測は、原器の質量の何倍かということの計測にほかならない。すなわち、原器との関係の計測にほかならない。物体の内的な性質が、その物体以外の何らかの物体との関係としてしか決定できない。これが物体の質量の判断の「軽さ」なのである。

この「軽さ」から「質量は物体の内的な性質ではない」と結論することは不可能ではない。と同時に不可避でもない。「物体の内的な性質で、その計測がその物体以外の物体との関係にすぎないようなものがある」と結論することができるからである。

3 関係の基礎性

物体の質量についての正しい判断は、その物体とほかの物体のあいだの関係についての正しい判断を含意する。物体の質量が何かというような基礎的なことがらについての判断の正しささえも、複数の物体のあいだの関係についての判断の正しさなしにはありえないということは、世界についてのある種のイメージを壊すことになる。それは、世界はまず多くの独立の存在者から成っており、それらの存在者はそれぞれそれ自体の性質を他者から独立にもっていて、そういうお互いから独立に成立することがらの和として、存在者どうしのあいだの関係が派生的に成立するのだ、といった種類のイメージである。ある強い意味でのアトミズム(原子主義)とでも呼べそうなこの世界のイメージは一見もっともらしいかもしれないが、世界全体の包括的なイメージとしては正しいとは言えない。

キログラムの定義の基盤として使われているＩＰＫにはそもそも「キログラム」という概念はあてはまらない、という立場は、世界についてのこの正しくないイメージを仮定しているがゆえにうけ入れられないのである。IPKはキログラムの定義で独自の役割をあたえられているので、ほかのいかなる物体ともちがって、その質量はキログラム単位を使って判断することができないとするこの立場は、IPKは世界のほかの部分から切りはなされたかたちでキログラムを定義する目的であたえられた特別な物体である、というイメージを仮定している。

そのイメージによると、IPK自体には「キログラム」という概念が適用不可能なので、1キログラムであるとも1キログラムでないとも言えない。すなわち、「IPKは1キログラム」をAとすると、「Aであるか、Aでないかどちらかである」という排中律を否定している。排中律は、（西洋思想史において）論理学の父アリストテレスが主張し、アリストテレス的論理学が支配した中世から近世にかけても支持されつづけ、かつ、一九世紀後半に生まれて現在論理学の主流をなす「量化論理学」と呼ばれる非アリストテレス的論理学にも継承されている、正統派論理学の中核をなす原理である。論理学にとってそのように重要な原理を否定するには、それなりの深い説得力のある議論がいる。近年その正統派論理学に反旗をひるがえす運動が人気を集めており、排中律も槍玉にあげられることがあるが、たんにIPKがキログラムの定義の基盤として使われているというだけで排中律を否定するような議論はなされていないし、なされたとしてもそのような議論に客観的な説得力はない。

IPKが1キログラムだという判断は無意味だ、と主張する人に残された道は二つしかない。その一つは、キログラム概念が二項関係の概念だということを異常に強調することである。質量判断の関係性を逆手にとって、自らの立場の擁護に役立てようという企てである。ある物体がNキログララムかどうかということは、その物体がＩＰＫと「…は…よりかっきりＮ倍重い」という二項関係にあるかどうかということであり、二項関係は二つの項のあいだの関係なので、二つではない一つだけのＩＰＫそのものがＮキログラムかどうかと問うことは意味をなさない、と論じようというのである。

だが、この議論は二項関係を大きく誤解している。ある関係が「二項関係」と呼ばれるからといって、その関係が成り立つものが二つの別々のものでなければならないわけではまったくない。「…は…に批判的である」、「…は…を愛している」、「…は…と同性である」など数多くの二項関係が、ある存在者とその同じ存在者のあいだに成り立つということに疑いはない。自己批判的な人は少なからずいるし、自己を愛する人はさらに多いかもしれない。また、性差のある生物種に属している生物体ならばすべて、かりにいかなる特定の性なのか正確に確定できなかったとしても何らかの性があることに変わりはなく、そうならば自分と同性であるにちがいない。同じように「…は…よりかっきり1倍重い」という二項関係が、ＩＰＫとＩＰＫのあいだに成り立っても何の不思議もない。二項関係が一つのものとそのもの自体のあいだに成立するということに、論理的または概念的不可能性はまったくない。

にもかかわらずＩＰＫが1キログラムだという判断は無意味だという主張に固執したい人は、二項関係一般にあてはまることがらではなく、ＩＰＫに特有なポイントに注目してその主張を支持する議論を立ちあげる必要がある。そのような議論はあるだろうか。たとえば、「もしＩＰＫの質量が1キログラムだったとしたら、ＩＰＫの質量は量らなくてもわかることになってしまうが、そんなことは不可能だ」という議論はどうだろう。この議論を、背理法を使った議論として正確に定式化すると次のようになる。

(4) いかなる物体xについても、xの質量を決定するためには、xの質量を量らなければならない。

(5) IPKの質量が1キログラムだという判断は無意味ではない――すなわち有意義だ――と仮定せよ。

(4)により、

(6) IPKの質量を決定するためには、IPKの質量を量らなければならない。

また、

(7) もしIPKの質量が1キログラムだという判断が有意義ならば、キログラムの定義によって、その判断は正しい判断だということ、つまりIPKの質量は1キログラムだということが決定できる。

(8) もしIPKの質量がキログラムの定義によって決定できるのならば、IPKの質量は量らなくても決定できる。

(5)と(7)と(8)により、

(9) IPKの質量を決定するためには、IPKの質量を量らなくてもいい。

(6)と(9)は矛盾するので仮定(5)はうけ入れられない、すなわち、

（10）　IPKの質量が1キログラムだという判断は無意味である。

この議論はわるくない。少なくとも妥当である。すなわち、もし(4)と(7)と(8)が真ならば結論(10)も真でなければならない。つまり(4)と(7)と(8)が真であるかぎり、IPKの質量が1キログラムだという判断の無意味さがちゃんと確立されている。だが肝心の(4)と(7)と(8)は真なのだろうか。

まず(4)を見ることにしよう。物体は、誰かがその質量を決定するしないにかかわらず、何らかの質量をもっている。だが、その質量を決定するとしたら、その質量を量る以外の方法はない。そもそも、物体の質量を決定するということはその物体の質量を量るということにほかならない、という主張さえできるかもしれない。「量る」すなわち「計測する」という言葉をそのように広義にとれば、(4)を否定することはむずかしい。

では(7)はどうだろう。もしIPKの質量が1キログラムだという判断が有意義ならばその判断は正しい判断だ、ということはあきらかである。IPKについて、それが1キログラムだとか1キログラムでないとか言うことに意味があるならば、それは1キログラムか1キログラムでないかどちらかであり、その場合それは1キログラムであるはずだからだ。さらに、IPKが1キログラムであるのはキログラムの定義による、ということもあきらかである。定義によって1キログラムであるのならば、1キログラムであるという判断をくだすためには、定義を知っているということ以外何も必要ないということだ。よって(7)を論駁することはむずかしい。

残るは(8)だが、これは大いに疑いの余地がある。ＩＰＫの質量はたしかにキログラムの定義によって決定できるが、そうであっても、定義による質量の決定が計測による質量の決定を排除するのでなければ(8)は真とは言えない。キログラムの定義によると、キログラムの単位で物体の質量を量るということは、その物体がＩＰＫよりかっきり何倍の重さであるかを決定するということである。よって、キログラムの単位でＩＰＫの質量を量るということは、ＩＰＫがＩＰＫよりかっきり何倍の重さであるかを決定するということである。ＩＰＫがＩＰＫよりかっきり何倍の重さかを決定するのはもちろん容易だ。いかなる物体も自分自身とまったく同じ重さ、すなわちかっきり１倍の重さなので、ＩＰＫの質量は１キログラムと容易に決定される。かつ、これはＩＰＫの質量を量ることとされる方法で決定されている。

ＩＰＫの質量をキログラムの定義によって１キログラムと決定するということ自体が、ＩＰＫの質量を計測によって１キログラムと決定することのためにすでに十分なのである。つまり、定義によって１キログラムと決定すれば、計測によって１キログラムと決定したことになるのである。計測とは何かということが明確にわかっていれば、これは疑いえない。質量計測の関係性、すなわちＩＰＫとの重さ比較、という本質がわかっていれば、ＩＰＫの質量の計測がほかの物体の質量の計測よりはるかに容易だということは、キログラムの定義におけるＩＰＫの地位によっておのずからあきらかである。

4　アプリオリ性

キログラムの概念が、ほかの物体にと同じようにＩＰＫにも文字どおり適用できる、そしてさらに「ＩＰＫは1キログラムだ」という判断は正しい、すなわちＩＰＫは1キログラムである、ということを見たわけだが、それにもかかわらず依然として、ほかの何かが1キログラムだという判断とちがって、ＩＰＫが1キログラムだという判断は特別な地位をもっているように思われるかもしれない。ＩＰＫは、キログラムの定義によって即その重さが決定されるという特別な物体なので、キログラムの定義さえ理解していれば、ほかに何もしなくてもその質量を正確に量ったことになるのである。そのように、キログラムの定義の理解にのみもとづいてくだされた「ＩＰＫは1キログラムだ」という判断は、「アプリオリである」と言えそうである。

第2章第6節a項にテクニカル・タームの一例として出てきた「アプリオリ」という単語は、認識論において重要であり、その反対の「アポステリオリ」という単語と対になって理解される。「地球は火星より大きい」や「地球は惑星だ」といった知識は知覚経験――もっと細かく言えば天文学に関する知覚経験――によってはじめて正当化される。「あなたの顔は木星より大きくない」や「クジラは魚類ではない」といった否定的知識も、同様に知覚経験によってはじめて正当化される。このように、何らかの知覚経験によらなければ正当化できない知識をアポステリオリと言い、いかなる知覚経験による正当化にもたよらない知識をアプリオリと言う。「天王星は冥王星より大きいか大きくないかどちらかだ」や「もしあなたの顔が木星より大きければ、あなたの顔は木星より大きい」や「独身者には配偶者がない」などがアプリオリの例である。

もちろん、何の知覚経験もなければ、「冥王星」とか「あなたの顔」とか「独身者」といった言葉の意味はわからないだろう。よって、「天王星は冥王星より大きいか大きくないかどちらかだ」とか「もしあなたの顔が木星より大きければ、あなたの顔は木星より大きい」とか「独身者には配偶者がない」という判断もできないだろう。しかし、だからといって、これらの判断がアプリオリな知識でありえないということにはならない。多くの言葉の意味の理解や概念の把握に、知覚経験が必要なのは当たり前だ。そこでの知覚経験の必要性は、アポステリオリ性とは関係ない。知識をアポステリオリにする知覚経験の必要性は、言葉の意味理解や概念把握を可能にするための必要性ではなく、すでに理解された言葉や把握された概念を使って表現された判断を、知識として正当化するにあたっての必要性なのである。あたえられた文を理解するために知覚経験は必要だが、いったんその文を理解したうえで、その文の内容が真かどうかを決めるのにさらなる知覚経験が必要ならばアポステリオリ、必要ないならばアプリオリ、ということである。

ＩＰＫの質量が1キログラムだということは、キログラムの定義から直接帰結する。ほかの何の仮定もいらない。ということは、知覚経験についての仮定は何もいらないということだ。ＩＰＫが1キログラムだという主張を正当化するには、キログラムという概念を把握していれば、それだけでいい。その概念の把握には何らかの知覚経験が必要だろうが、それ以外のさらなる知覚経験は必要ない。キログラムの定義さえ知っていればいい。キログラム概念の把握はキログラムの定義の知識をふくむので、「ＩＰＫは１キログラムだ」はアプリオリであるという主張は正しいように思われる。

だが本当にそうなのだろうか。「必ずしもそうではない」という意見を支持する考えが一つある。それは、キログラム概念を把握するということ、すなわちキログラムの定義を理解するということについての考えである。次に、それを見ることにしよう。

a　多義性

まず重要な区別をつけることからはじめる。スミレはアンズの母だとしよう。そしてスミレは、フラメンコを踊るのを秘密の趣味にしているとする。ある晩アンズがスペイン料理屋で食事をしていると、中央のステージにフラメンコダンサーが登場して、ギターの伴奏で踊りだす。スミレである。母がフラメンコを趣味にしているとは夢にも思わないアンズは、目の前で踊っているダンサーがスミレだとはもちろん気づかない。連れに「彼女、厚化粧だね」とひとこと言うだけである。ふだん化粧などしない母なので、そのダンサーが自分の母だなどという考えはアンズの心を横切りもしない。

このような状況のもとでは、(11)〜(13)は真だが、(14)と(15)は真ではないように思われる。

(11)　そのダンサー＝スミレ。

(12)　アンズの母＝スミレ。

(13) アンズは、そのダンサーが厚化粧していると思う。
(14) アンズは、スミレが厚化粧していると思う。
(15) アンズは、自分の母が厚化粧していると思う。

だが、ここで問題がおきる。それは、(11)と(13)から(14)が帰結し、(11)と(12)と(13)から(15)が帰結するように思われるということである。真理から帰結するのは真理であるはずなので、これはまずい。この問題を回避するには、帰結関係を否定する、あるいは(14)と(15)が真ではないということを否定する(すなわち真であるとする)、という二つの選択肢があるが、むずかしいのは、いかにしてそういう選択肢を正当化するかということである。ここでは、両方の選択肢を同時に部分的に正当化することによって問題を完全に解決する手立てを考察しよう。

「部分的に正当化する」とはどういうことかというと、(13)〜(15)はすべて多義的であり、どの解釈をとるかによって帰結関係が成立したりしなかったりすると同時に、(14)と(15)が真となったり偽となったりする、と主張するということである。

まず(13)の多義性を見よう。アンズの目の前でフラメンコを踊っている人物をxとすれば、xについて次のことが言える——アンズはxが厚化粧していると思う。すなわち、アンズは「厚化粧している」という性質を、ある特定の個人に帰属させているのであり、その個人はxである、ということだ。「そのダンサー」という名詞句は、(13)の発話者であるわたしたちがxをピックアップするという目的のためにだけ使われているのであり、アンズがxに「ダンサーである」という性質を帰属させている、という含意はない。もちろんじっさいアンズはxに「ダンサーである」という性質を帰属させているのだが、(13)が言っている内容にそれはふくまれない。これが(13)の一つ目の意味である。

(13)のもう一つの意味は、「そのダンサーは厚化粧している」という文の内容を目下の状況に即して理解したうえでアンズはその文を肯定する、という事実によって真とされる文として(13)がもつ意味である。これが一つ目の意味とどうちがうかというと、「厚化粧している」という性質をアンズが帰属させている個人は、「ダンサーである」という性質も同時にアンズによって帰属させられている個人だ、ということなのである。一番目の意味解釈とこの二番目の意味解釈のちがいを端的に言えば、アンズがxに「厚化粧している」という性質だけを帰属させていると(13)は言っている、というのが一番目の意味解釈で、アンズがxに「厚化粧している」という性質と「ダンサーである」という性質の両方を帰属させていると(13)は言っている、というのが二番目の意味解釈である(厳密には、二番目の解釈によるとxは存在しなくてもいいのだが、「IPKは1キログラムだ」は必ずしもアプリオリではないという論点に迫るというここでの目的には大した影響はないので、その点は問題にしない)。

問題の文(ここでは「そのダンサーは厚化粧している」という文)の述語が言い表す性質のみをアンズがxに帰属させているという解釈を「R解釈」、述語が言い表す性質のみならず主語が言い表す性質も同時に帰属させているという解釈を「D解釈」と呼ぶことにしよう。

(14)と(15)も、(13)同様に、R解釈とD解釈という二つの解釈が可能である。アンズは「スミレは厚化粧をしている」という文を肯定せず、むしろ否定するだろうが、じっさいにスミレである人物xについて、xは厚化粧していると思っている、というのが(14)のR解釈であり、アンズは「わたしの母は厚化粧をしている」という文を肯定せず否定するだろうが、じっさいに自分の母であるxについて、xは厚化粧していると思っている、というのが(15)のR解釈である。(14)と(15)のR解釈によれば、アンズはxに「厚化粧している」という性質だけを帰属させているのである。さらにR解釈によれば、アンズの思惑とは独立に(14)は「スミレである」という性質を使ってxをピックアップし、(15)は「彼女(アンズ)の母である」という性質を使ってxをピックアップしている。

いっぽうD解釈によれば、(14)は、アンズはxに「厚化粧している」という性質と同時に「スミレである」という性質も帰属させている、と言っているのであり、(15)は、アンズはxに「厚化粧している」という性質と同時に「自分(アンズ)の母である」という性質も帰属させている、と言っているのである(「スミレである」という性質と「xである」という性質の関係に興味のある読者がいるかもしれないが、これはデリケートな関係なので、ここではあつかえない)。よって、D解釈のもとで(14)と(15)が真であるためには、「スミレは厚化粧をしている」という文と「わたしの母は厚化粧をしている」という文を、それぞれアンズが肯定しなければならない(アンズがそれらの文をちゃんと理解しているということはもちろん仮定されている)。

(13)と(14)をD解釈すれば、(11)と(13)から(14)は帰結しない。そのダンサーが厚化粧しているとアンズが思っても、アンズがそのダンサーをダンサーとして見ているだけでスミレとして見ていないならば、アンズはスミレが厚化粧していると思う、という結論にはいたらないからだ。また、

(13)と(15)をD解釈すれば、ここでも(11)と(12)と(13)から(15)は帰結しない。アンズがそのダンサーを自分の母として見ていなければ、そのダンサーが厚化粧していると思っていても、自分の母が厚化粧していると思っているということにはならないからだ。

いっぽう(13)と(14)をR解釈すれば、(11)と(13)から(14)はたしかに帰結する。アンズはそのダンサーが厚化粧していると思い、そのダンサーはじっさいにスミレなので、アンズはスミレが厚化粧していると思う。アンズがそのダンサーをスミレとして見ているかどうかということは、R解釈にはどうでもいい、ということを忘れてはならない。そしてまた、(13)と(15)をR解釈すれば、ここでも(11)と(12)と(13)から(15)は帰結する。アンズはそのダンサーが厚化粧していると思い、そのダンサーはスミレでスミレはアンズの母なので、アンズは自分の母が厚化粧していると思う。アンズがそのダンサーをスミレとして見ているかとか、自分の母として見ているかとかは関係ない（D解釈とR解釈を混ぜこぜにしたならば、二つの帰結関係は成り立つだろうか、成り立たないだろうか、それとも場合場合によるだろうか。この課題は、読者への宿題としておこう）。

(14)と(15)の真偽についてもまた、D解釈とR解釈でちがいが出る。D解釈によれば、(14)はアンズがそのダンサーをスミレとして見ていると言っているので、(14)は偽である。同様に、(15)はアンズがそのダンサーを自分の母として見ていると言っているので、(15)も偽である。いっぽうR解釈によれば、(14)はアンズがそのダンサーを自分の母として見ているとは言っていないので、偽である理由がなくなる。よって(14)は真である。同じように(15)も真である。

というわけで、二つの解釈の枠組みを使ってわかったのは、R解釈のもとでは(11)と(13)から

(14)が帰結し、(11)と(12)と(13)から(15)が帰結し、かつ(14)と(15)は真である。そして、D解釈のもとでは(14)と(15)はともに偽だが、いずれの帰結関係も成り立たない。二つの帰結関係が成り立つと思ったのは、R解釈を想定していたからであるいっぽう、(14)と(15)が真でないと思ったのは、D解釈を想定していたからである。R解釈だけ、あるいはD解釈だけ、どちらか一つだけを整合的に想定すれば、真な文から出発して帰結関係は成り立つが帰結する文は真ではない、という事態はおこらない。

さてこれで(11)〜(15)にかかわる問題は解決したわけだが、これが「IPKは1キログラムだ」は必ずしもアプリオリではないという論点と、いったいどういう関連性をもつのだろうか。

b　個体と記述

問題の、

(16)　IPKは1キログラムだ

というわたしたちの知識がアプリオリだとは、それを正当化するにあたって(16)の内容の把握に必要な知覚経験以外の知覚経験を必要としない、ということである。よって、(16)のアプリオリ性を論じるには、キログラム概念の把握に必要な知覚経験についてはっきりさせることが大事である。キログラム概念の把握にはキログラムの定義の理解が不可欠なので、キログラムの定義を理解するのに必要な知覚経験についてはっきりさせなければならない。もちろん、(16)はキログラムに関しているのみならずＩＰＫにも関しているので、ＩＰＫとは何かについてもはっきりさせる必要があるが、キログラムの定義について語れば、おのずからＩＰＫについて語ることにもなる。

キログラムは質量の単位であり、任意の物体ｘと任意の数Ｎについて、ｘがＮキログラムだということは、ｘがＩＰＫよりかっきりＮ倍重いということである。これがキログラムの定義だが、これを理解するには、まず、ＩＰＫとは何かがわからなければならない。もし「ＩＰＫとは何か」と問われたら何と答えるだろうか。二つのまったくちがう答えが可能であると思われる。

一つ目は、「それよりかっきりＮ倍重いということがＮキログラムということだ、とキログラムが定義される、そういう物体」という答えである。ＩＰＫをこの答えのもとにとらえたうえで(16)を解釈すれば、「それよりかっきりＮ倍重いということがＮキログラムということだ、とキログラムが定義される、そういう物体は１キログラムだ」という意味になり、１キログラムは定義上その物体よりかっきり１倍重い、すなわちその物体と同じ重さだということになるので、さらなる知覚経験にたよることなく理屈だけで(16)が真だとわかる。つまりアプリオリである。

しかしながら、「ＩＰＫとは何か」という問いへの二つ目の答えに従うと、事情はがらりと変わる。この二つ目の答えは、一つ目の答えと対比的にとらえるのが一番いいのだが、ここで前項のＤ解釈とＲ解釈の区別が役に立つのである。一つ目の答えは、ＩＰＫの実質的な記述をあたえることによって(16)のＤ解釈を全面に押し出している。それに対して二つ目の答えは、(16)のＲ解釈を顕著にする効果がある。では、その二つ目の答えとは何か。それは、ＩＰＫを指さして「これがＩＰ

Kだ」と言うことである。一つ目の答えが、キログラムの定義を知っていさえすれば誰でもどこでもあたえることができる答えであるのに対し、この答えは、IPKが保存されているフランスのセーヴルに行くか、セーヴルで撮られたIPKのビデオまたは写真を提示できる状況にいなくては、あたえることができない。

ここでは、最も手っ取り早いやり方を例にとろう。すなわち、IPKの鮮明な写真を目の前に提示して「これがIPKだ」と言うと想定しよう。それを言うのがわたしで、そういうわたしの話し相手があなただとする。そして、わたしが「IPKは何キログラムか」とあなたに問いかけるとする。そうすれば、あなたはさらなる知覚経験なしに「IPKは1キログラムだ」と答えられるだろうか。もしあなたが、IPKはInternational Prototype of the Kilogramであって、キログラムがそれによって定義される物体だということを知っていれば、そう答えられるだろう。だが、もしIPKのことなど見たことも聞いたこともなく、いま(写真で)見て、はじめてその名前を聞いたにすぎないのだとしたら、そうは答えられないだろう。写真に写っているその物体を入手して秤にかけるとか、少なくとも手に取って重さを感じとるとかしないかぎり、このようにR解釈された(16)の正当化はできないだろう。つまりアポステリオリなのである。

話し手であるわたしが発話する(16)は、「それよりかっきりN倍重いということがNキログラムということだ、とキログラムが定義される、そういう物体である」という性質をIPKに帰属させている、というD解釈のもとではアプリオリだが、そのような性質は帰属させておらず、聞き手のあなたにも、せいぜい「この写真に写っている」とか「円柱形だ」といった性質しか頭に浮かばせないようなR解釈のもとでは(16)はアポステリオリだ、というわけだ。(16)がアプリオリかアポステリオリかは、どちらの解釈をとるかによるというわけである。だがしかし、話はここで終わらない。

まず、キログラムからマナに話題を変えよう。キログラムにはあとで戻る。Nマナは、わたしのまな板のかっきりN倍の重さとして定義されるので、わたしのまな板を「イタロー」と呼べば(イタロー＝IPM)、イタローは1マナである。あなたは、

(17)　イタローは1マナだ

ということを知っているだろうか。「もちろん知っている。たったいま、この本でそう読んだ」と言うかもしれない。だがそれは「イタローはイタローとかっきり同じ重さだ」という知識にすぎず、(17)はそれ以上のことを言っているのではないのだろうか。あなたには、イタローもふくめていかなる物体についても、それが1マナだという知識があると主張する権利はないのではないか。なぜなら、あなたにはイタローがどのくらいの質量かについて漠然とした考えしかないからだ。わたしには非常に非典型的な料理習慣があり、その一環として使われるまな板としてのイタローはふつうのまな板よりはるかに重い(たとえば5トン)かもしれないし、はるかに軽い(たとえば1ミリグラム)かもしれない。あなたはイタローの質量について、そのようなかなり大きな可能性の幅を狭めることはできない。少なくとも、マナの定義を知っているだけではできない。

だが、このような考察は、すでに見た質量に関する知識の「軽さ」の指摘の蒸し返しにすぎないのではないのか。いや、そうではない。イタローという個体について知識を得るとはどういうことかに関する指摘である。もっとくわしく言えば、誰かの思惑を表している文として見たとき(17)には次のようなD解釈はあてはまらない、という指摘なのである。

(18) それよりかっきりN倍重いということがNマナということだ、とマナが定義される、そういう物体は1マナだ。

さらに言えば、「イタロー」という名前はいかなる記述句とも意味のうえで同値ではない、ということなのである。つまり、(17)をD解釈した場合、「1マナである」という性質のほかにイタローに帰属させられている性質は、「イタローである」という性質以外にはありえないということだ。そして、「イタローである」という性質がいかなる性質かということは、イタローにじっさいに遭遇することによってのみわかる。そして、その遭遇の仕方はふつうの典型的な仕方でなければならない。何らかのトリックまたは幻覚などによってイタローがじっさいとはとてもちがって(たとえば大きすぎたり、小さすぎたり、赤すぎたり、形が変わりすぎたりというふうに)見えるのはだめである。そのいっぽう、じっさいの遭遇は直接の遭遇でなくてもいい。たとえば、鮮明な画像を介しての遭遇でもいい。直接遭遇を適切にある程度シミュレートしていて、そのシミュレーションがイタローのありようによって適切なかたちで引きおこされているならばいい。

そのようにして「イタローである」という性質がわかれば、イタローの質量が５トンでも１ミリグラムでもなく、大体これこれというかなり狭い範囲におさまる質量だということもわかる。つまり、「イタローである」という性質がわかるようなかたちでイタローと遭遇すれば、(17)が表す内容を知るにいたることができるだろう、というわけだ。逆に言えば(同値ではないが)、(17)が表す内容を知るには、「イタローである」という性質がわかるようなかたちでイタローと遭遇する必要があるということだ。そのような遭遇は知覚経験を要求するので、もし(17)に関するこのような議論がうけ入れられるならば、(17)はアポステリオリだという結論が出る。そして(16)と(17)はパラレルにあつかうことができるので、キログラムに関する(16)もアポステリオリだということになる。

キログラムを定義するのに使われるＩＰＫについて、それが１キログラムだという知識がアポステリオリだ、ということは一見驚くべきことのように思われるかもしれないが、よく考えてみれば不思議ではない。一つの物体であるＩＰＫが、ある特定の質量をもつということは必然的真理ではない。ＩＰＫはじっさいの質量より重かったかもしれないし、軽かったかもしれない。もし重かったら、じっさいより重い質量が「１キログラム」と呼ばれていただろうし、もし軽かったら、じっさいより軽い質量が「１キログラム」と呼ばれていただろう。すなわち(じっさいの質量が１キログラムなので)、１キログラムより重い質量が「１キログラム」と呼ばれていたかもしれないし、１キログラムより軽い質量が「１キログラム」と呼ばれていたかもしれない。質量計測の関係性をしっかり心に留めておけば、これは何らおかしなことではないということがわかる。

あとがき

「正しい」という概念の適用が意味をなすような何かxがあった場合、「xが正しいということは、xとは別の何かyがあってxがyと何らかの特別な関係Rにあるということだ」という前提のもとに、Rとはいかなる関係かについて論じた。xにはいろいろな種類があって、その種類によってyも変われば、Rも変わる。

xがテストの答えに代表される文の内容ならば、yはテスト問題のトピックに代表される事実であり、Rは文の内容と事実とのある意味での対応関係である。事実とは何か、対応とは何かについて細かく考察した。

野球の投球がストライクかどうかに関する判断に代表される、意図的にあたえられた規則によって定義された集団行動内での概念適用についての判断がxならば、yはその規則およびその規則が言及するものであり、Rはxとその言及されたものとのあいだにその規則が設定する関係である。アンパイアは思ったより強力な権限をもつと同時に、その行為が価値判断の対象になるということがあきらかになった。

xが欲求を満たすための行為ならば、yはその欲求の満足という状態であり、Rは因果関係である。

xが倫理的動機からなされた行為である場合、yとRが何かということは定かではないが、いくつかの可能性を探ってみた。xはたんに欲求を満たすための行為の一種にすぎないという立場から見れば、倫理的動機からなされた行為にとくに目新しいことはない。それに対して、xは倫理に特有な規則に制約される行為だという立場から見れば、yはその特有な規則であり、Rは「…は…に従っている」という関係である。また、倫理の領域はユーモアの領域と通じるところがあるかもしれないということも見た。

最後に、日常生活だけでなく自然科学の営みの基盤となる量計測における正しさについて考えた。そして、それは(合理的な目的にかんがみて)恣意的に選択された特定の物体によって定義された量単位の適用の正しさであり、そのかぎりにおいてその正しさは容易に達成可能であると同時にある意味で「軽い」(物体が何キログラムかということは究極的にはその物体とキログラム原器のあいだの関係にすぎない)ということを見た。

正しさに関するこれらの探求のそれぞれの結論は、ある意味で自明かもしれない。そうだとしたら、それはそれでいいのである。本書の目的は自明でない結論を出すことではなく、自明だろうが自明でなかろうが、何らかの結論に到達するまでの概念分析・哲学議論を緻密にすすめるということだからである。そのような緻密な概念分析・哲学議論は、明確な思考習慣を養い、頭の柔軟さを促進する。と同時に、楽しい。そのような知的営みには、深い意味で、それ以上の理由はいらない。わたしたちの価値判断の体系には原初的な基盤があり、そのような知的営みはその基盤の一部をなす。さらなる正当化はいらない。

本書の刊行においては、岩波書店編集局第一編集部の押田連氏に大きくお世話になった。心から感謝の意を表したい。

二〇一六年七月二八日　京都

八木沢敬

八木沢 敬

1953年生．プリンストン大学大学院修了(Ph.D. 1981)．現在，カリフォルニア州立大学ノースリッジ校哲学科教授．専攻：形而上学，言語哲学，心の哲学．著書：*Worlds and Individuals, Possible and Otherwise*(Oxford UP, 2010)．『分析哲学入門』(2011)，『意味・真理・存在』(2013)，『神から可能世界へ』(2014)，『『不思議の国のアリス』の分析哲学』(2016，以上いずれも講談社)など．

岩波現代全書 095

「正しい」を分析する

2016年10月19日 第1刷発行

著 者 八木沢《やぎさわ》 敬《たかし》

発行者 岡本 厚

発行所 株式会社 岩波書店

〒101-8002 東京都千代田区一ツ橋2-5-5

電話案内 03-5210-4000

http://www.iwanami.co.jp/

印刷・三秀舎 カバー・半七印刷 製本・牧製本

ISBN978-4-00-029195-8 Printed in Japan

岩波現代全書発刊に際して

いまここに到来しつつあるのはいかなる時代なのか。新しい世界への転換が実感されながらも、情況は錯綜し多様化している。先人たちは、山積する同時代の難題に直面しつつ、解を求めて学術を頼りに知的格闘を続けてきた。その学術は、いま既存の制度や細分化した学界に安住し、社会との接点を見失ってはいないだろうか。メディアは、事実を探求し真実を伝えることよりも、時流にとらわれ通念に迎合する傾向を強めてはいないだろうか。

現在に立ち向かい、未来を生きぬくために、求められる学術の条件が三つある。第一に、現代社会の裾野と標高を見極めようとする真摯な探究心である。第二に、今日的課題に向き合い、人類が営々と蓄積してきた知的公共財を汲みとる構想力である。第三に、学術とメディアと社会の間を往還するしなやかな感性である。様々な分野で研究の最前線を行く知性を見出し、諸科学の構造解析力を出版活動に活かしていくことは、必ずや「知」の基盤強化に寄与することだろう。

岩波書店創業者の岩波茂雄は、創業二〇年目の一九三三年、「現代学術の普及」を旨に「岩波全書」を発刊した。学術は同時代の人々が投げかける生々しい問題群に向き合い、公論を交わし、積極的な提言をおこなうという任務を負っていた。人々もまた学術の成果を思考と行動の糧としていた。「岩波全書」の理念を継承し、学術の初志に立ちかえり、現代の諸問題を受けとめ、全分野の最新最良の成果を、好学の読書子に送り続けていきたい。その願いを込めて、創業百年の今年、ここに「岩波現代全書」を創刊する。

（二〇一三年六月）